카이신 중국어 회화 2

开心 즐겁다

다락원

탄탄한 기본기를 다지기 위한 프로젝트!

-카이신호(號)와 함께 떠나는 중국어 일주~

여러 해 동안 책을 쓰다 보니 이제 이력이 날만도 한데, 한 권 한 권 마주할 때마다 신인배우처럼 설레고 겁이 납니다. 특히 첫걸음 책을 쓸 때면 다른 책을 쓸 때와는 또 다른 묵직한 책임감을 느끼게 되는데요, 아마도 그건 우리의 삶에서 '친구'가 중요하듯이, 학습자들에게 있어 '교재' 또한 '좋은 친구'만큼이나 중요한 것임을 알기 때문인 것 같습니다.

외국어를 배우는 학습자라면 모두 겪게 되는 왕초보 단계. 최대한 빨리 왕초보 수준을 벗어나고 싶은 마음은 누구나 마찬가지겠지만, 마음만 급하다고 빨리 벗어날 수 있는 것은 아니지요. 또 이 시기에 기본기를 탄탄하게 다져놓지 않으면 앞으로의 중국어 인생에 어둠의 그림자가 짙게 깔릴 것은 불을 보듯 뻔하고요. 그렇다 보니 어떻게 하면 '왕초보 시절'을 잘 보낼 수 있는 교재를 만들 수 있을까 고민을 많이 하게 됩니다.

『카이신 중국어 회화』 시리즈는 이왕 배우기 시작한 중국어를 '재미있고! 신나게! 즐겨보자'라는 뜻에서, 한 과 한 과를 놀이공원처럼 꾸며봤습니다. 본문 내용은 한 가족의 일상생활을 시트콤처럼 엮었고, 한 과를 다 배우고 나면 '나만의 복습 다이어리'라는 코너를 통해 중요한 내용을 확인하며 정리할 수 있도록 했지요. 여기에 피가 되고 살이 되는 학습 노하우를 담고, 따로 연습하기 힘든 필수 간체자를 써 볼 수 있는 코너까지 덤으로 마련했답니다.

네? 겨우 이것 가지고 특별한 책인 양 얘기하느냐고요? 차근차근 한 번 넘겨보세요. 곳곳에 여러분의 기본기를 팍팍 다져 줄 스펙터클한 놀 거리를 많이 숨겨두었으니까요.

외국어를 잘 한다는 것은 쉽지 않지만, 그렇다고 '나만 안 되는 일'도 아닙니다.

그러니 남들보다 조금 늦다고, 발음·성조가 맘대로 안 된다고 서둘러 포기하지 않으셨으면 합니다. 공부를 하다 보면 중간중간 포기하고 싶은 유혹이 있겠지만, 그 유혹을 과감히 뿌리치고 끝까지 노력한다면 여러분은 틀림없이 중국어 고수가 되어 '왕초보 시절'의 무용담을 얘기할 수 있을 것입니다.

그리고 어떤 일을 잘해내기 위해서는 목표가 필요하듯이 이 책을 펼친 여러분도 중국어를 배우려는 목표가 무엇인지 확실하게 설정하면 조금 더 빨리 중국어와 친해질 수 있을 것입니다. 하다못해 '부모님을 기쁘게 해드리려고!'라는 막연한 목표라도 세우면, 목표가 없는 것보다 훨씬 나으니 여러분의 목표가 무엇인지 한번 생각해 보세요. 그 다음에는 "난 꼭 해낼 수 있어!"하고 여러분 자신을 믿어보세요.

여러분은 이제 곧 카이신호(號)와 중국어 일주를 떠날 텐데요.

이번 중국어 일주를 통해 중국어를 만나 이해하고, 또 그러다 중간에 한두 번쯤 티격태격하기도 하면서 많은 추억을 안고 돌아온 후에는 여러분의 중국어 기본기가 난공불락의 요새처럼 탄탄하게 다져져 있기를 희망해 봅니다.

사람들은 보통 상상을 초월하는 거창한 일이 일어났을 때 기적이란 말을 쓰지만, 필자가 보기에는 중국어의 'ㅈ' 자도 모르던 왕초보 학습자가 어느 날 중국어로 말할 때, 그것이 더 멋진 기적이라고 느껴집니다.

비록 책을 통해서지만 학습자 여러분과 중국어 이야기를 나누고 공감할 수 있음에 감사드립니다. 여러분이 매일 조금씩 만들어가는 '중국어 기적', 계속 기대해도 되겠지요?

끝으로, 교정에 도움을 주신 张全用 선생님께 감사의 마음을 전합니다.

고맙습니다.

한민이

이 책의 활용

01~05과, 07~11과는 다음과 같이 구성되어 있습니다.

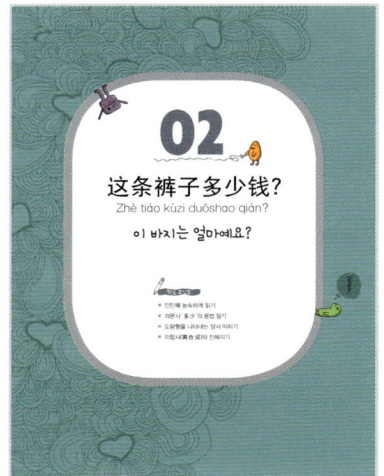

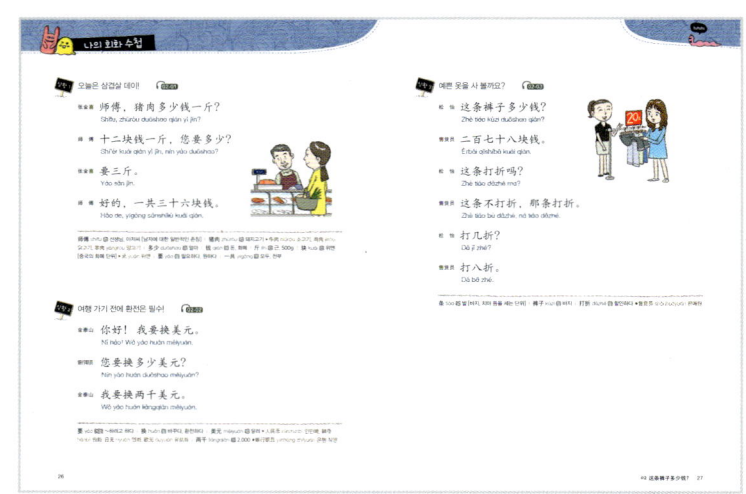

✱ **학습 포인트**

각 과에서 배울 내용이 무엇인지 일목요연하게 정리되어 있어요. 이번 과의 학습 내용을 확인해 보세요.

✱ **나의 회화 수첩**

세 가지 상황으로 나누어진 회화문을 통해 자연스러운 중국어 표현을 학습할 수 있습니다. 회화 표현에 나오는 새 단어도 바로바로 확인해 보세요.

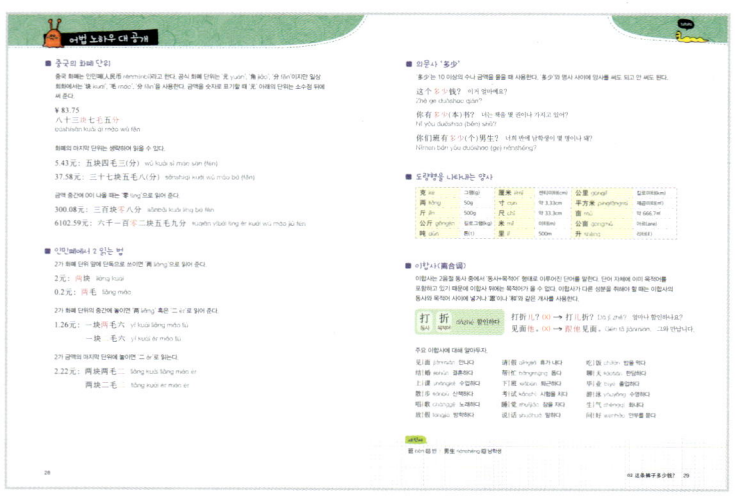

✱ **어법 노하우 대 공개**

본문 회화 표현에 나온 핵심 어법을 쉬운 설명과 다양한 예문으로 정리할 수 있어요.

✱ **숨겨 둔 문장 실력**

교체 연습을 통해 본문에서 배운 표현을 확장할 수 있습니다.

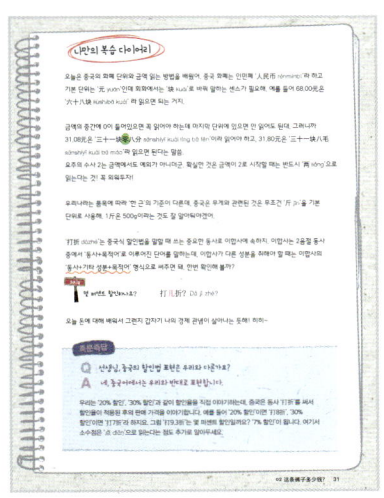

✹ 나만의 복습 다이어리
학습한 내용을 일기 형식으로
정리해 볼 수 있습니다.

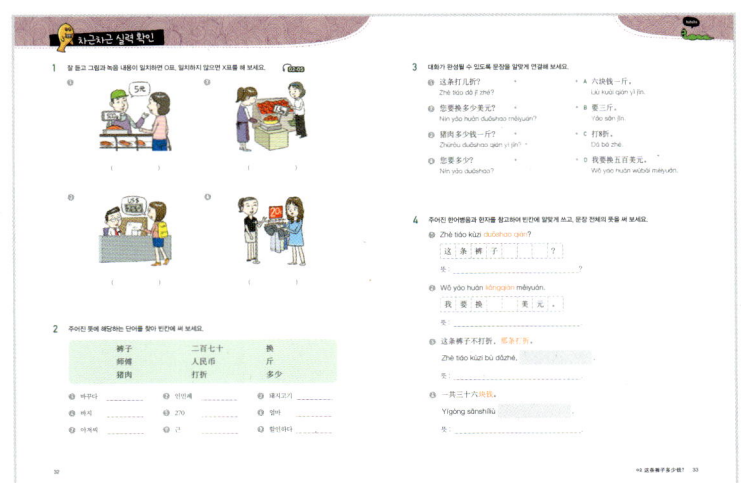

✹ 차근차근 실력 확인
학습한 내용을 바탕으로 한 연습문제를 통해 부족한 부분을 점검하며
실력을 다져 보세요.

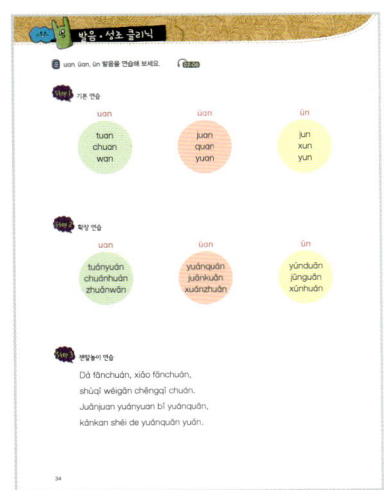

✹ 발음·성조 클리닉
원어민의 정확한 발음을 따라 해 보며
발음의 기본기를 다져 보세요.

✹ 간체자와 친해지기
획순을 참고해서 간체자를 연습해 보세요.

✈ 중국문화 속으로 풍덩

다양한 주제의 중국문화와 관련된 글을 통해 중국을 좀 더 이해할 수 있어요.

06과와 12과는 복습과입니다. 06과는 01~05과의 내용을, 12과는 07~11과의 내용을 복습할 수 있습니다.

MP3 다운로드

- MP3 음원은 다락원 홈페이지(www.darakwon.co.kr)에서 무료로 다운로드 받으실 수 있습니다.
- 스마트폰으로 QR코드를 스캔하면 MP3 다운로드 및 실시간 재생 가능한 페이지로 바로 연결됩니다.

차례

저자의 말 / 2

이 책의 활용 / 4

차 례 / 7

1권의 학습 내용 / 8

2권의 학습 내용 / 10

일러두기 / 12

---

01 下午两点。 오후 2시입니다. 13
Xiàwǔ liǎng diǎn.

02 这条裤子多少钱? 이 바지는 얼마예요? 25
Zhè tiáo kùzi duōshao qián?

03 我今年二十周岁。 나는 올해 만 스무 살이에요. 37
Wǒ jīnnián èrshí zhōusuì.

04 豆豆眼睛很大。 콩알이는 눈이 커요. 49
Dòudou yǎnjing hěn dà.

05 我给你打电话。 내가 너에게 전화할게. 61
Wǒ gěi nǐ dǎ diànhuà.

06 复习 fùxí 복습 73

07 饭店在银行对面。 호텔은 은행 맞은편에 있어요. 81
Fàndiàn zài yínháng duìmiàn.

08 我送你一束玫瑰花。 당신에게 장미 한 다발 선물할게요. 93
Wǒ sòng nǐ yí shù méiguihuā.

09 我会游泳。 나는 수영을 할 수 있어요. 105
Wǒ huì yóuyǒng.

10 我见了高中同学。 고등학교 동창을 만났어요. 117
Wǒ jiànle gāozhōng tóngxué.

11 快考试了。 시험이 코앞이에요. 129
Kuài kǎoshì le.

12 复习 fùxí 복습 141

부록 / 149

✦ 본문 해석

✦ 정답 및 녹음 대본

✦ 발음·성조 클리닉 잰말놀이 한자

✦ 단어 색인

1권의 학습 내용

	핵심 표현	어법 포인트	발음 연습	문화 소개
01과	성모와 운모			
		성모 운모 성모와 운모의 결합 운모의 특수한 변화		중국어의 길에서 중국을 만나다
02과	성조			
		성조 경성 성조의 표기 제3성의 변화 성조의 연결 연습		발음과 성조 공략기
03과	您好! Nín hǎo! 안녕하세요!			
	你好! 您贵姓? 我叫金松怡。	인칭대명사 중국어의 존대어 성씨 묻기 이름 묻기	성모 b, p, m, f 연습	이해와 오해를 넘어
04과	我是韩国人。 Wǒ shì Hánguó rén. 저는 한국인이에요.			
	你是哪国人? 你也是中国人吗? 她是谁? 你爸爸做什么工作?	'是'를 쓰는 술어문 '吗'를 사용한 의문문 '不'의 성조 변화 의문대명사 의문대명사를 사용한 의문문	성모 d, t, n, l 연습	중국어 회화, 그 짜릿한 열망
05과	这是手机。 Zhè shì shǒujī. 이것은 휴대전화야.			
	这是什么? 那是我的汉语书。 我的书包在哪儿? 我的钱包呢?	지시대명사 '这', '那' 조사 '的' (1) 동사술어문 '呢'를 사용한 생략의문문 명사/대명사+'这儿'/'那儿'	성모 g, k, h 연습	차 한 잔에 담긴 행복
06과	복습			

07과	我有自行车。 Wǒ yǒu zìxíngchē. 나는 자전거가 있어.			
你有自行车吗? 我没有男朋友。 我有两本汉语词典。 我有一张中国地图。	'有'를 쓰는 술어문 (1) 1~10까지 숫자 세기 '一'의 성조 변화 명량사(名量词)의 용법 자주 쓰는 명량사 (1)	성모 j, q, x 연습	한 단어씩 NO! 문장을 통째로	

08과	我家有四口人。 Wǒ jiā yǒu sì kǒu rén. 우리 집은 네 식구야.			
我有一个弟弟。 你家有几口人? 我家有爸爸、妈妈、弟弟和我。	'有'를 쓰는 술어문 (2) 10 이상의 숫자 세기 자주 쓰는 명량사 (2) '二', '两', '俩' 차이 알기 정반의문문 접속사 '和'	성모 zh, ch, sh, r 연습	아빠하고 야자타임?	

09과	我姐姐很漂亮。 Wǒ jiějie hěn piàoliang. 우리 누나는 예뻐.			
这件衣服怎么样? 那件非常好看。 我爸爸的公司不太大。 他们都是韩国人吗?	형용사술어문 '怎么样'을 사용한 의문문 정도부사 부사 '都', '也'	성모 z, c, s 연습	중국 요리 기행 ①	

10과	爸爸去出差。 Bàba qù chūchāi. 아빠는 출장을 가셔.			
我想去旅游, 你呢? 我爸爸常常去出差。 我去超市买点儿吃的。	연동문 개사 '在' 조동사 '想' 조사 '的' (2) 부정(不定)양사 儿화 현상	儿화 연습	중국인의 빨간색 사랑	

11과	今天星期六。 Jīntiān xīngqīliù. 오늘은 토요일이에요.			
我北京人。 今天几月几号? 星期几? 我明天没有时间, 我很忙。	명사술어문 연도 읽기 월, 일, 요일 표현 과거-현재-미래 표현	당시 읽기: 〈静夜思 jìng yè sī〉	이것 만은 왠지 피하고 싶어!	

12과	복습

 권의 학습 내용

	핵심 표현	어법 포인트	발음 연습	문화 소개

01과 下午两点。 Xiàwǔ liǎng diǎn. 오후 2시입니다.

现在几点? 差五分六点。 你爸爸晚上九点一刻才到。	시간 표현 하루의 시간대 부사 '就'와 '才' 시간명사의 위치	운모 ao, ou, uo 연습	중국의 행정구역

02과 这条裤子多少钱? Zhè tiáo kùzi duōshao qián? 이 바지는 얼마예요?

猪肉多少钱一斤? 一共三十六块钱。 我要换两千美元。 打八折。	인민폐 읽기 의문사 '多少' 도량형을 나타내는 양사 이합사(离合词)	운모 uan, üan, ün 연습	중국의 화폐

03과 我今年二十周岁。 Wǒ jīnnián èrshí zhōusuì. 나는 올해 만 스무 살이에요.

你多高? 我一百四十四斤。 你今年多大? 你妈妈今年多大年纪?	의문부사 '多'+형용사 띠 묻기 접두사 '小'와 '老'	운모 i, ü, -i 연습	중국 요리 기행 ②

04과 豆豆眼睛很大。 Dòudou yǎnjing hěn dà. 콩알이는 눈이 커요.

他们身体都很好。 那件蓝衬衫颜色怎么样? 我很喜欢蓝色。 豆豆有一岁吗?	주술술어문 '有'로 수량 표현하기 '还'의 용법 '吧'의 여러 가지 용법	운모 e, üe, uei 연습	중국 전통 예술 맛보기-경극

05과 我给你打电话。 Wǒ gěi nǐ dǎ diànhuà. 내가 너에게 전화할게.

我晚上给你打电话。 大概9点左右。 你坐9路或者11路吧。 明洞离这儿有三站路。	개사 '给', '跟', '对', '从', '离' 어림수의 여러 가지 표현 여러 가지 번호 읽기 접속사 '或者'	운모 in, ing, iong 연습	돌다리 두드리지 맙시다!

06과 복습

07과 饭店在银行对面。 Fàndiàn zài yínháng duìmiàn. 호텔은 은행 맞은편에 있어요.

地铁站在邮局旁边。 你的公文包在床上。 学校前面有两家中餐厅。 你六点半到我们学校门口就行。	방위사 존재문 1음절 동사의 중첩 '行'의 용법	운모 ai, ei, ie 연습	중국인의 식사 예절 ①

08과 我送你一束玫瑰花。 Wǒ sòng nǐ yí shù méiguihuā. 당신에게 장미 한 다발 선물할게요.

我告诉你一件事儿。 我要送你妈妈一束玫瑰花。 可以借我一本吗? 我下星期还你，行吗?	이중목적어를 갖는 동사 조동사 '想', '要', '可以'	운모 an, ian, iang 연습	중국인의 식사 예절 ②

09과 我会游泳。 Wǒ huì yóuyǒng. 나는 수영을 할 수 있어요.

你会游泳吗? 我怕水。 这儿不能抽烟。 你喜欢夏天还是冬天?	조동사 '会', '能' 동사 '怕' 선택의문문 '对'의 용법	운모 en, eng, uen 연습	중국의 결혼식 풍경

10과 我见了高中同学。 Wǒ jiànle gāozhōng tóngxué. 고등학교 동창을 만났어요.

她去姥姥家了。 你吃早饭了没有? 我见了几个高中同学。 我们一边吃饭，一边聊天。	어기조사 '了' 용법 (1) 동태조사 '了' 용법 '了'의 부정문과 의문문 '一边……一边……'	격음부호가 있는 단어 연습	중국인, 제대로 알자!

11과 快考试了。 Kuài kǎoshì le. 시험이 코앞이에요.

下雨了，你带伞了吗? 你怎么了? 快考试了，你还天天出去玩儿， 怎么行? 我会好好复习的。	어기조사 '了' 용법 (2) '快……了' 용법 명사의 중첩 1음절 형용사의 중첩 '会……的'	당시 읽기: 〈春晓 chūnxiǎo〉	하고 안 하고의 차이

12과 복습

일러두기

이 책의 표기 규칙

1 이 책에 나오는 중국의 지명이나 건물, 기관, 관광명소의 명칭 등은 중국어 발음을 한국어로 표기하는 것을 원칙으로 하였습니다. 단, 우리에게 한자발음으로 잘 알려진 것에 한하여 한자발음으로 표기합니다.

예) 北京 베이징   长城 만리장성

2 인명은 각 나라에서 실제 사용하는 발음으로 표기하였습니다.

예) 张金喜 장금희   青青 칭칭

품사약어표

품사명	약어	품사명	약어	품사명	약어
명사	명	고유명사	고유	형용사	형
동사	동	조사	조	감탄사	감
수사	수	대명사	대	접속사	접
부사	부	수량사	수량	조동사	조동
양사	양	개사	개	성어	성

이 책의 등장인물

金泰山 김태산
Jīn Tàishān
아빠 (무역회사 운영)

张金喜 장금희
Zhāng Jīnxǐ
엄마 (선생님)

金松怡 김송이
Jīn Sōngyí
김태산과 장금희의 딸 (대학생)

金乐天 김낙천
Jīn Lètiān
김태산과 장금희의 아들 (고등학생)

许民俊 허민준
Xǔ Mínjùn
송이의 대학 친구

黄珍珠 황전주
Huáng Zhēnzhū
송이의 중국인 친구

李青青 리칭칭
Lǐ Qīngqing
낙천이의 중국인 친구

01

下午两点。
Xiàwǔ liǎng diǎn.

오후 2시입니다.

학습 포인트
- 시간 표현 익히기
- 하루의 시간대 관련 표현 익히기
- 부사 '就'와 '才'의 용법 알기
- 시간명사의 위치 익히기

 나의 회화 수첩

상황 1 지금 몇 시인가요? 🎧 01-01

乐天 青青，现在几点？
Qīngqing, xiànzài jǐ diǎn?

青青 下午两点。
Xiàwǔ liǎng diǎn.

乐天 谢谢！
Xièxie!

现在 xiànzài 명 지금, 현재 | 点 diǎn 양 시 | 下午 xiàwǔ 명 오후 | 谢谢 xièxie 동 고맙습니다

상황 2 음악회가 곧 시작해요! 🎧 01-02

民俊 松怡，音乐会几点开始？
Sōngyí, yīnyuèhuì jǐ diǎn kāishǐ?

松怡 六点半开始。
Liù diǎn bàn kāishǐ.

民俊 现在几点？
Xiànzài jǐ diǎn?

松怡 差五分六点。
Chà wǔ fēn liù diǎn.

音乐会 yīnyuèhuì 명 음악회 | 开始 kāishǐ 동 시작하다 | 半 bàn 수 반, 30분 | 差 chà 동 모자라다 | 分 fēn 양 분

 공항으로 아빠를 마중 나가 볼까요? 🎧 01-03

乐 天 妈妈，爸爸什么时候到机场？
Māma, bàba shénme shíhou dào jīchǎng?

张金喜 你爸爸晚上九点一刻才到。
Nǐ bàba wǎnshang jiǔ diǎn yí kè cái dào.

乐 天 那你去接他吗？
Nà nǐ qù jiē tā ma?

张金喜 对，我去接他。
Duì, wǒ qù jiē tā.

乐 天 你几点去啊？
Nǐ jǐ diǎn qù a?

张金喜 我现在就走。
Wǒ xiànzài jiù zǒu.

到 dào 동 도착하다, 도달하다 | 机场 jīchǎng 명 공항 | 晚上 wǎnshang 명 밤, 저녁 | 刻 kè 양 15분 | 接 jiē 동 마중하다 | 对 duì 형 맞다 | 啊 a 조 문장 끝에서 의문을 나타냄 | 就 jiù 부 바로, 즉시 | 走 zǒu 동 걷다, 떠나다

어법 노하우 대 공개

■ 시간 표현

중국어로 시간 표현은 '点 diǎn 시', '分 fēn 분', '刻 kè 15분', '半 bàn 반, 30분', '差 chà ~전'을 사용하여 나타낸다. '2시'는 '二点'이 아니라 '两点'이라고 하는 것에 주의한다.

12:00	十二点 shí'èr diǎn	4:30	四点三十分 sì diǎn sānshí fēn 四点半 sì diǎn bàn
1:05	一点五分 yì diǎn wǔ fēn 一点零五分 yì diǎn líng wǔ fēn	5:45	五点四十五分 wǔ diǎn sìshíwǔ fēn 五点三刻 wǔ diǎn sān kè
2:15	两点十五分 liǎng diǎn shíwǔ fēn 两点一刻 liǎng diǎn yí kè	6:50	六点五十分 liù diǎn wǔshí fēn 差十分七点 chà shí fēn qī diǎn
3:22	三点二十二分 sān diǎn èrshí'èr fēn	7:55	七点五十五分 qī diǎn wǔshíwǔ fēn 差五分八点 chà wǔ fēn bā diǎn

■ 하루의 시간대별 표현

중국어는 사람을 만나는 시간대에 따라 인사 표현이 다르다. 인사 표현과 함께 시간대별 식사 명칭도 알아 두자.

새벽	아침	오전	점심	오후	저녁, 밤	한밤중
凌晨 língchén	早上 zǎoshang	上午 shàngwǔ	中午 zhōngwǔ	下午 xiàwǔ	晚上 wǎnshang	半夜三更 bànyèsāngēng

- **인사 표현**

아침 인사	오후 인사	저녁 인사
早上好！/ 早！ Zǎoshang hǎo! / Zǎo!	你好！ Nǐ hǎo!	晚上好！/ 晚安！ Wǎnshang hǎo! / Wǎn'ān!

알아두자! '晚安 wǎn'ān'은 밤에 하는 인사말로 '잘자', '안녕히 주무세요'라는 뜻이다.

- **식사 명칭**

아침	점심	간식, 주전부리	저녁	야식
早饭 zǎofàn	午饭 wǔfàn	点心，零食 diǎnxin, língshí	晚饭 wǎnfàn	夜宵 yèxiāo

■ 부사 '就'와 '才'

'就'는 동사 앞에 놓여 사건의 발생이 이르고, 동작의 진행 속도가 빠르며 순조롭게 이루어짐을 나타낸다.
보통 '就……了'의 형식으로 많이 쓴다.

我现在就出发。 나는 지금 바로 출발해요.
Wǒ xiànzài jiù chūfā.

音乐会七点开始，六点半他就来了。 음악회는 7시에 시작하는데, 그는 6시 반에 벌써 왔어요.
Yīnyuèhuì qī diǎn kāishǐ, liù diǎn bàn tā jiù lái le.

'才'는 동사 앞에 놓여 사건의 발생이 늦고 진행이 느리거나 순조롭지 않음을 나타낸다.

我晚上才出发。 나는 밤이나 되어야 출발해요.
Wǒ wǎnshang cái chūfā.

音乐会七点开始，七点一刻他才来。
Yīnyuèhuì qī diǎn kāishǐ, qī diǎn yí kè tā cái lái.
음악회가 7시에 시작하는데, 그는 7시 15분이 되어서야 왔어요.

'才'는 '겨우'라는 뜻으로 쓰이기도 한다.

现在才七点半。 지금은 겨우 7시 반이야.
Xiànzài cái qī diǎn bàn.

今天才三月一号。 오늘은 겨우 3월 1일이야.
Jīntiān cái Sānyuè yī hào.

■ 시간명사의 위치

시간명사는 주어 앞뒤에 모두 올 수 있다.

爸爸每天早上六点起床。 아빠는 매일 아침 6시에 일어나셔.
Bàba měitiān zǎoshang liù diǎn qǐchuáng.

= 每天早上爸爸六点起床。
  Měitiān zǎoshang bàba liù diǎn qǐchuáng.

새 단어

出发 chūfā 동 출발하다 | 来 lái 동 오다 | 每天 měitiān 명 매일 | 起床 qǐchuáng 동 일어나다, 기상하다

숨겨둔 문장 실력

▶ 바꿔서 말해 보고, 이를 활용해 대화를 나눠 보세요. 🔊 01-04

하나 下午**两点**。
　　　　三点十分
　　　　四点半
　　　　五点一刻

三点十分 sān diǎn shí fēn 3시 10분 | 四点半 sì diǎn bàn 4시 반 |
五点一刻 wǔ diǎn yí kè 5시 15분

실력 Up!
A 现在几点?
B 下午**两点**。

둘 **六点半**开始。
　　　上午十点
　　　下午一点
　　　晚上七点半

上午十点 shàngwǔ shí diǎn 오전 10시 | 下午一点 xiàwǔ yì diǎn 오후 1시 |
晚上七点半 wǎnshang qī diǎn bàn 저녁 7시 반

A 音乐会几点开始?
B **六点半**开始。

셋 我**现在**就走。
　　　马上
　　　明天早上
　　　中午

马上 mǎshàng 바로 | 明天早上 míngtiān zǎoshang 내일 아침 |
中午 zhōngwǔ 정오

A 你几点去啊?
B 我**现在**就走。

단어 플러스

공항에서 사용하는 주요 용어

机票 jīpiào 비행기 표 | 签证 qiānzhèng 비자 | 护照 hùzhào 여권 | 登机口 dēngjīkǒu 탑승 게이트 | 登机手续 dēngjī shǒuxù 탑승 수속 | 国内线 guónèixiàn 국내선 | 国际线 guójìxiàn 국제선 | 登机牌 dēngjīpái 탑승권 | 空姐 kōngjiě 스튜어디스 | 起飞 qǐfēi 이륙하다 | 降落 jiàngluò 착륙하다

나만의 복습 다이어리

'어리둥절!', '좌충우돌!'이란 말이 딱 어울리는 1권을 무사히 마치고 2권에 안전하게 탑승!!
역시나 재미난 내용이 나를 반길 것이란 기대가 솜사탕처럼 몽글몽글 피어오르네~^^

2권의 1과는 '시간 표현'으로 시작해. 시간을 표현할 때도 역시 숫자 2가 핵심 포인트더라고.
'2시'는 반드시 '两点 liǎng diǎn'이라고 해야 하는데, 그렇다면 '2시 반'은?
'两点半 liǎng diǎn bàn' 또는 '两点三十分 liǎng diǎn sānshí fēn'이라고 하면 돼.

여기서 잠깐! 앞으로 '半 bàn'을 자주 사용하게 될 테니까 잘 봐두라고 선생님이 말씀하셨어~
별표 다섯 개! ☆☆☆☆☆
근데 15분하고 45분은 우리말에 없는 표현을 쓰던데 뭐였더라??

  15분은   一刻 yí kè

  45분은   三刻 sān kè

'몇 분 전'이라고 표현하려면 동사 '差 chà'를 사용한다고 했어. 예를 한번 들어 볼까?

  2시 5분 전은   差五分两点 chà wǔ fēn liǎng diǎn

아! 아우토반을 질주하는 듯한 나의 탁월한 중국어 감각!
오늘은 첫날이니까 이 정도로만 간단하게 마치자고~ 2권도 열심히 하자!!

즉문즉답

Q 선생님, 동사 '去'와 '走'는 용법이 다른가요?

A 네, '去'와 '走'는 같은 듯하면서 다른 뜻을 갖습니다.

'去'와 '走'는 둘 다 우리말의 '가다'로 번역되기 때문에 언뜻 보면 같은 뜻을 가진 동사 같지요.
하지만 '去'는 목적지를 향해 가는 것을 뜻하고, '走'는 있던 자리에서 떠나거나, 출발하거나, 걷는
동작 자체를 말합니다.

我去学校。 Wǒ qù xuéxiào. 나는 학교에 가요.
我们走吧。 Wǒmen zǒu ba. 우리 가자.

차근차근 실력 확인

1 잘 듣고 그림과 녹음 내용이 일치하면 O표, 일치하지 않으면 X표를 해 보세요. 🎧 01-05

①

(   )

②

(   )

③

(   )

④

(   )

2 주어진 뜻에 해당하는 단어를 찾아 빈칸에 써 보세요.

差	到	点
走	什么时候	接
机场	开始	半

① ~전 _____   ② 걷다 _____   ③ 마중하다 _____

④ 공항 _____   ⑤ 도착하다 _____   ⑥ 시 _____

⑦ 시작하다 _____   ⑧ 반, 30분 _____   ⑨ 언제 _____

3 대화가 완성될 수 있도록 문장을 알맞게 연결해 보세요.

❶ 现在几点?
Xiànzài jǐ diǎn?

❷ 爸爸上午到机场吗?
Bàba shàngwǔ dào jīchǎng ma?

❸ 音乐会几点开始?
Yīnyuèhuì jǐ diǎn kāishǐ?

❹ 你去接他吗?
Nǐ qù jiē tā ma?

A 对，我去接他。
Duì, wǒ qù jiē tā.

B 六点半开始。
Liù diǎn bàn kāishǐ.

C 现在下午两点。
Xiànzài xiàwǔ liǎng diǎn.

D 不，他晚上到机场。
Bù, tā wǎnshang dào jīchǎng.

4 주어진 한어병음과 한자를 참고하여 빈칸에 알맞게 쓰고, 문장 전체의 뜻을 써 보세요.

❶ Xiànzài jǐ diǎn?

| 现 | 在 | | 点 | ? |

뜻: _____?

❷ Nǐ bàba wǎnshang jiǔ diǎn yí kè cái dào.

| 你 | 爸 | 爸 | 晚 | 上 | 九 | 点 | | | 到 | 。 |

뜻: _____.

❸ 差五分六点。

_____ liù diǎn.

뜻: _____.

❹ 音乐会六点半开始。

Yīnyuèhuì liù diǎn bàn _____.

뜻: _____.

발음·성조 클리닉

📄 ao, ou, uo 발음을 연습해 보세요. 🎧 01-06

Step 1 기본 연습

ao
bao
gao
shao

ou
dou
kou
zou

uo
duo
luo
shuo

Step 2 확장 연습

ao
cāozuò
háogōu
shǎoshuō

ou
còushǒu
kǒuhào
zǒugāo

uo
duōshao
luókǒu
wōtóu

Step 3 잰말놀이 연습

Láng dǎ chái, gǒu shāo huǒ,

māor shàng kàng niē wōwo,

què'ér fēilái zhēng bōbo.

간체자와 친해지기

✏️ 획순을 참고해서 간체자를 따라 써 보세요.

走 zǒu
一 十 土 𠂆 𠂆 走 走

分 fēn
丿 八 分 分

半 bàn
丶 丷 半 半 半

刻 kè
丶 亠 亥 亥 亥 刻 刻

晚 wǎn
丨 冂 日 日 日' 旷 旷 晓 晚 晚

就 jiù
丶 亠 广 亩 古 亨 享 京 京 就 就 就

点 diǎn
丨 卜 上 占 占 卢 点 点 点

才 cái
一 十 才

01 下午两点。 23

중국의 행정 구역

중국은 성(省)을 기본 단위로 하여 직할시(直辖市), 자치구(自治区), 특별행정구(特别行政区)로 행정 구역이 분할되어 있으며 총 23개의 성, 5개의 소수 민족 자치구, 4개의 직할시, 2개의 특별행정구로 이루어져 있다.

4개의 직할시에는 중국의 수도 베이징(北京 Běijīng)을 포함하여 톈진(天津 Tiānjīn), 상하이(上海 Shànghǎi), 충칭(重庆 Chóngqìng)이 있으며, 1997년 영국으로부터 반환된 홍콩(香港 Xiānggǎng)과 1999년 포르투갈로부터 반환된 마카오(澳门 Àomén)는 특별행정구로 분류된다.

소수 민족 자치구는 신장 위구르 자치구(新疆维吾尔自治区), 시짱 자치구(西藏自治区), 광시 장족 자치구(广西壮族自治区), 닝샤 회족 자치구(宁夏回族自治区), 네이멍구 자치구(内蒙古自治区)로 구성되어 있으며, 55개의 소수 민족은 각각의 자치구를 비롯하여 성 각지에 분포하여 거주하고 있다.

02

这条裤子多少钱?
Zhè tiáo kùzi duōshao qián?

이 바지는 얼마예요?

학습 포인트
- 인민폐 능숙하게 읽기
- 의문사 '多少'의 용법 알기
- 도량형을 나타내는 양사 익히기
- 이합사(离合词)와 친해지기

나의 회화 수첩

상황 1 오늘은 삼겹살 데이! 🎧 02-01

张金喜: 师傅，猪肉多少钱一斤？
Shīfu, zhūròu duōshao qián yì jīn?

师傅: 十二块钱一斤，您要多少？
Shí'èr kuài qián yì jīn, nín yào duōshao?

张金喜: 要三斤。
Yào sān jīn.

师傅: 好的，一共三十六块钱。
Hǎo de, yígòng sānshíliù kuài qián.

师傅 shīfu 명 선생님, 아저씨 [남자에 대한 일반적인 존칭] | **猪肉** zhūròu 명 돼지고기 ▶ 牛肉 niúròu 소고기, 鸡肉 jīròu 닭고기, 羊肉 yángròu 양고기 | **多少** duōshao 대 얼마 | **钱** qián 명 돈, 화폐 | **斤** jīn 명 근, 500g | **块** kuài 양 위엔 [중국의 화폐 단위] ▶ 元 yuán 위엔 | **要** yào 동 필요하다, 원하다 | **一共** yígòng 부 모두, 전부

상황 2 여행 가기 전에 환전은 필수! 🎧 02-02

金泰山: 你好！我要换美元。
Nǐ hǎo! Wǒ yào huàn měiyuán.

银行职员: 您要换多少美元？
Nín yào huàn duōshao měiyuán?

金泰山: 我要换两千美元。
Wǒ yào huàn liǎngqiān měiyuán.

要 yào 조동 ~하려고 하다 | **换** huàn 동 바꾸다, 환전하다 | **美元** měiyuán 명 달러 ▶ 人民币 rénmínbì 인민폐, 韩币 hánbì 원화, 日元 rìyuán 엔화, 欧元 ōuyuán 유로화 | **两千** liǎngqiān 수 2,000 ● **银行职员** yínháng zhíyuán 은행 직원

상황 3 예쁜 옷을 사 볼까요? 02-03

松怡 **这条裤子多少钱?**
Zhè tiáo kùzi duōshao qián?

售货员 **二百七十八块钱。**
Èrbǎi qīshíbā kuài qián.

松怡 **这条打折吗?**
Zhè tiáo dǎzhé ma?

售货员 **这条不打折，那条打折。**
Zhè tiáo bù dǎzhé, nà tiáo dǎzhé.

松怡 **打几折?**
Dǎ jǐ zhé?

售货员 **打八折。**
Dǎ bā zhé.

条 tiáo 양 벌 [바지, 치마 등을 세는 단위] | 裤子 kùzi 명 바지 | 打折 dǎzhé 동 할인하다 ●售货员 shòuhuòyuán 판매원

어법 노하우 대 공개

■ 중국의 화폐 단위

중국 화폐는 인민폐(人民币 rénmínbì)라고 한다. 공식 화폐 단위는 '元 yuán', '角 jiǎo', '分 fēn'이지만 일상 회화에서는 '块 kuài', '毛 máo', '分 fēn'을 사용한다. 금액을 숫자로 표기할 때 '元' 아래의 단위는 소수점 뒤에 써 준다.

¥ 83.75
八十三块七毛五分
bāshísān kuài qī máo wǔ fēn

화폐의 마지막 단위는 생략하여 읽을 수 있다.

5.43元 : 五块四毛三(分) wǔ kuài sì máo sān (fēn)

37.58元 : 三十七块五毛八(分) sānshíqī kuài wǔ máo bā (fēn)

금액 중간에 0이 나올 때는 '零 líng'으로 읽어 준다.

300.08元 : 三百块零八分 sānbǎi kuài líng bā fēn

6102.59元 : 六千一百零二块五毛九分 liùqiān yìbǎi líng èr kuài wǔ máo jiǔ fēn

■ 인민폐에서 2 읽는 법

2가 화폐 단위 앞에 단독으로 쓰이면 '两 liǎng'으로 읽어 준다.

2元 : 两块 liǎng kuài

0.2元 : 两毛 liǎng máo

2가 화폐 단위의 중간에 놓이면 '两 liǎng' 혹은 '二 èr'로 읽어 준다.

1.26元 : 一块两毛六 yí kuài liǎng máo liù
　　　　一块二毛六 yí kuài èr máo liù

2가 금액의 마지막 단위에 놓이면 '二 èr'로 읽는다.

2.22元 : 两块两毛二 liǎng kuài liǎng máo èr
　　　　两块二毛二 liǎng kuài èr máo èr

■ 의문사 '多少'

'多少'는 10 이상의 수나 금액을 물을 때 사용한다. '多少'와 명사 사이에 양사를 써도 되고 안 써도 된다.

这个多少钱? 이거 얼마예요?
Zhège duōshao qián?

你有多少(本)书? 너는 책을 몇 권이나 가지고 있어?
Nǐ yǒu duōshao (běn) shū?

你们班有多少(个)男生? 너희 반에 남학생이 몇 명이나 돼?
Nǐmen bān yǒu duōshao (ge) nánshēng?

■ 도량형을 나타내는 양사

克 kè	그램(g)	厘米 límǐ	센티미터(cm)	公里 gōnglǐ	킬로미터(km)
两 liǎng	50g	寸 cùn	약 3.33cm	平方米 píngfāngmǐ	제곱미터(㎡)
斤 jīn	500g	尺 chǐ	약 33.3cm	亩 mǔ	약 666.7㎡
公斤 gōngjīn	킬로그램(kg)	米 mǐ	미터(m)	公亩 gōngmǔ	아르(are)
吨 dūn	톤(t)	里 lǐ	500m	升 shēng	리터(ℓ)

■ 이합사(离合词)

이합사는 2음절 동사 중에서 '동사+목적어' 형태로 이루어진 단어를 말한다. 단어 자체에 이미 목적어를 포함하고 있기 때문에 이합사 뒤에는 목적어가 올 수 없다. 이합사가 다른 성분을 취해야 할 때는 이합사의 동사와 목적어 사이에 넣거나 '跟'이나 '和'와 같은 개사를 사용한다.

打|折 dǎzhé 할인하다
동사 | 목적어

打折几? (X) → 打几折? Dǎ jǐ zhé? 얼마나 할인하나요?
见面他。 (X) → 跟他见面。 Gēn tā jiànmiàn. 그와 만납니다.

주요 이합사에 대해 알아두자.

见|面 jiànmiàn 만나다   请|假 qǐngjià 휴가 내다   吃|饭 chīfàn 밥을 먹다
结|婚 jiéhūn 결혼하다   帮|忙 bāngmáng 돕다   聊|天 liáotiān 한담하다
上|课 shàngkè 수업하다   下|班 xiàbān 퇴근하다   毕|业 bìyè 졸업하다
散|步 sànbù 산책하다   考|试 kǎoshì 시험을 치다   游|泳 yóuyǒng 수영하다
唱|歌 chànggē 노래하다   睡|觉 shuìjiào 잠을 자다   生|气 shēngqì 화내다
放|假 fàngjià 방학하다   说|话 shuōhuà 말하다   问|好 wènhǎo 안부를 묻다

새 단어

班 bān 명 반 | 男生 nánshēng 명 남학생

숨겨 둔 문장 실력

▶ 바꿔서 말해 보고, 이를 활용해 대화를 나눠 보세요. 🎧 02-04

하나 六块钱一斤。

两块钱
四块五
七块二

两块钱 liǎng kuài qián 2元 | 四块五 sì kuài wǔ 4.5元 | 七块二 qī kuài èr 7.2元

실력 up!

A 猪肉多少钱一斤?
B 六块钱一斤。

둘 我要换美元。

人民币
日元
欧元

人民币 rénmínbì 인민폐 | 日元 rìyuán 엔화 | 欧元 ōuyuán 유로화

A 我要换美元。
B 您要换多少美元?

셋 这条打8折。

5折
7折
9.3折

5折 wǔ zhé 50% 할인 | 7折 qī zhé 30% 할인 | 9.3折 jiǔ diǎn sān zhé 7% 할인

A 这条打几折?
B 这条打8折。

단어 플러스

여러 가지 옷

裙子 qúnzi 치마 | T恤衫 Txùshān 티셔츠 | 连衣裙 liányīqún 원피스 | 大衣 dàyī 코트 | 风衣 fēngyī 트렌치코트 |
短裤 duǎnkù 반바지 | 衬衫 chènshān 셔츠 | 牛仔裤 niúzǎikù 청바지 | 运动服 yùndòngfú 운동복 | 休闲服 xiūxiánfú 캐주얼 의복 | 西服 xīfú 양복 | 睡衣 shuìyī 잠옷

나만의 복습 다이어리

오늘은 중국의 화폐 단위와 금액 읽는 방법을 배웠어. 중국 화폐는 인민폐 '人民币 rénmínbì'라 하고 기본 단위는 '元 yuán'인데 회화에서는 '块 kuài'로 바꿔 말하는 센스가 필요해. 예를 들어 68.00元은 '六十八块 liùshíbā kuài'라 읽으면 되는 거지.

금액의 중간에 0이 들어있으면 꼭 읽어야 하는데 마지막 단위에 있으면 안 읽어도 된대. 그러니까 31.08元은 '三十一块零八分 sānshíyī kuài líng bā fēn'이라 읽어야 하고, 31.80元은 '三十一块八毛 sānshíyī kuài bā máo'라 읽으면 된다는 말씀.
요주의 수사 2는 금액에서도 예외가 아니더군. 확실한 것은 2가 화폐 단위 앞에 단독으로 쓰이면 반드시 '两 liǎng'으로 읽는다는 것! 꼭 외워두자!

우리나라는 품목에 따라 '한 근'의 기준이 다른데, 중국은 무게와 관련된 것은 무조건 '斤 jīn'을 기본 단위로 사용해. 1斤은 500g이라는 것도 잘 알아둬야겠어.

'打折 dǎzhé'는 중국식 할인법을 말할 때 쓰는 중요한 동사로 이합사에 속하지. 이합사는 2음절 동사 중에서 '동사+목적어'로 이루어진 단어를 말하는데, 이합사가 다른 성분을 취해야 할 때는 이합사의 '동사+기타 성분+목적어' 형식으로 써주면 돼. 한번 확인해 볼까?

몇 퍼센트 할인하나요?   打几折? Dǎ jǐ zhé?

오늘 돈에 대해 배워서 그런지 갑자기 나의 경제 관념이 살아나는 듯해! 히히~

즉문즉답

Q 선생님, 중국의 할인법 표현은 우리와 다른가요?
A 네, 중국어에서는 우리와 반대로 표현합니다.

우리는 '20% 할인', '30% 할인'과 같이 할인율을 직접 이야기하는데, 중국은 동사 '打折'를 써서 할인율이 적용된 후의 판매 가격을 이야기합니다. 예를 들어 '20% 할인'이면 '打8折', '30% 할인'이면 '打7折'라 하지요. 그럼 '打9.3折'는 몇 퍼센트 할인일까요? '7% 할인'이 됩니다. 여기서 소수점은 '点 diǎn'으로 읽는다는 점도 추가로 알아두세요.

차근차근 실력 확인

1 잘 듣고 그림과 녹음 내용이 일치하면 O표, 일치하지 않으면 X표를 해 보세요. 🎧 02-05

① (   )

② (   )

③ (   )

④ (   )

2 주어진 뜻에 해당하는 단어를 찾아 빈칸에 써 보세요.

裤子	二百七十	换
师傅	人民币	斤
猪肉	打折	多少

① 바꾸다 _____ ② 인민폐 _____ ③ 돼지고기 _____

④ 바지 _____ ⑤ 270 _____ ⑥ 얼마 _____

⑦ 아저씨 _____ ⑧ 근 _____ ⑨ 할인하다 _____

3 대화가 완성될 수 있도록 문장을 알맞게 연결해 보세요.

① 这条打几折?
Zhè tiáo dǎ jǐ zhé?

② 您要换多少美元?
Nín yào huàn duōshao měiyuán?

③ 猪肉多少钱一斤?
Zhūròu duōshao qián yì jīn?

④ 您要多少?
Nín yào duōshao?

A 六块钱一斤。
Liù kuài qián yì jīn.

B 要三斤。
Yào sān jīn.

C 打8折。
Dǎ bā zhé.

D 我要换五百美元。
Wǒ yào huàn wǔbǎi měiyuán.

4 주어진 한어병음과 한자를 참고하여 빈칸에 알맞게 쓰고, 문장 전체의 뜻을 써 보세요.

① Zhè tiáo kùzi duōshao qián?

| 这 | 条 | 裤 | 子 | | | ? |

뜻 : _____?

② Wǒ yào huàn liǎngqiān měiyuán.

| 我 | 要 | 换 | | 美 | 元 | 。 |

뜻 : _____.

③ 这条裤子不打折，那条打折。

Zhè tiáo kùzi bù dǎzhé, _____.

뜻 : _____.

④ 一共三十六块钱。

Yígòng sānshíliù _____.

뜻 : _____.

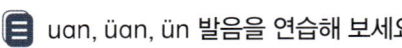 발음·성조 클리닉

uan, üan, ün 발음을 연습해 보세요.

 기본 연습

uan
tuan
chuan
wan

üan
juan
quan
yuan

ün
jun
xun
yun

 확장 연습

uan
tuányuán
chuánhuàn
zhuǎnwān

üan
yuánquán
juānkuǎn
xuánzhuǎn

ün
yúnduān
jūnguān
xúnhuán

 잰말놀이 연습

Dà fānchuán, xiǎo fānchuán,

shùqǐ wéigān chēngqǐ chuán.

Juānjuan yuányuan bǐ yuánquān,

kànkan shéi de yuánquān yuán.

간체자와 친해지기

✏️ 획순을 참고해서 간체자를 따라 써 보세요.

猪 zhū
丿 亅 犭 犭 犭 犲 犲 猪 猪 猪

肉 ròu
丨 冂 冂 内 肉 肉

斤 jīn
一 厂 斤 斤

块 kuài
一 十 土 圠 圠 块 块

毛 máo
一 二 三 毛

换 huàn
一 十 扌 扌 扌 抣 挴 换 换

钱 qián
丿 亠 钅 钅 钅 钅 钅 钱 钱

折 zhé
一 十 扌 扌 扩 折 折

02 这条裤子多少钱?

중국문화 속으로 풍덩

중국의 화폐

중국의 화폐는 '人民币 rénmínbì'라 하고 화폐 단위로 '元 yuán'을 쓴다. CNY(China Yuan) 혹은 인민폐 한어병음의 매 음절 성모를 따서 RMB(Ren Min Bi)로 표기하기도 한다.

지폐

1999년 중국인민은행의 제5차 인민폐 발행에 따라 지폐는 100, 50, 20, 10, 5, 1元 단위로 발행되고 있고, 모든 지폐의 앞면에는 마오쩌둥(毛泽东 Máo Zédōng)의 모습이 그려져 있다.

100元 yìbǎi yuán

50元 wǔshí yuán

20元 èrshí yuán

10元 shí yuán

5元 wǔ yuán

1元 yì yuán

동전

동전은 1元, 5角, 1角 단위로 발행되고 있다.

1元
yì yuán

5角
wǔ jiǎo

1角
yì jiǎo

03

我今年二十周岁。
Wǒ jīnnián èrshí zhōusuì.

나는 올해 만 스무 살이에요.

학습 포인트
- 의문부사 '多'로 키, 몸무게, 나이 묻기
- 띠 묻고 대답하기
- 접두사 '小'와 '老' 활용하기

나의 회화 수첩

상황 1 어느새 훌쩍 커 버린 키 🎧 03-01

青青 **你多高?**
Nǐ duō gāo?

乐天 **我一米七九。**
Wǒ yì mǐ qī jiǔ.

多 duō 데 얼마나 | 高 gāo 형 높다, (키가) 크다 | 米 mǐ 양 미터

상황 2 그녀의 몸무게는 언제나 신비주의 🎧 03-02

松怡 **你多重?**
Nǐ duō zhòng?

民俊 **我一百四十四斤，你呢?**
Wǒ yìbǎi sìshísì jīn, nǐ ne?

松怡 **这是秘密。**
Zhè shì mìmì.

民俊 **好吧，女人的秘密总是很多。**
Hǎo ba, nǚrén de mìmì zǒngshì hěn duō.

重 zhòng 형 무겁다 | 秘密 mìmì 명 비밀 | 吧 ba 조 문장 끝에서 동의, 권유, 추측, 명령 등의 뜻을 나타냄 | 女人 nǚrén 명 여자, 여성 ▶男人 nánrén 남자, 남성 | 总是 zǒngshì 부 언제나, 늘

나이만큼 성숙해진다   🎧 03-03

张金喜 **小许，你今年多大？**
Xiǎo Xǔ, nǐ jīnnián duō dà?

民 俊 **我今年二十周岁。**
Wǒ jīnnián èrshí zhōusuì.

张金喜 **你属什么？**
Nǐ shǔ shénme?

民 俊 **我属马。**
Wǒ shǔ mǎ.

张金喜 **你妈妈今年多大年纪？**
Nǐ māma jīnnián duō dà niánjì?

民 俊 **她今年四十九岁。**
Tā jīnnián sìshíjiǔ suì.

张金喜 **你妈妈和我同岁。**
Nǐ māma hé wǒ tóngsuì.

小 xiǎo 형 군, 양 [성이나 이름 앞에 붙여 자신보다 어린 사람에 대한 친근함을 나타냄] | 许 Xǔ 명 허 [성씨] | 今年 jīnnián 명 올해 | 周岁 zhōusuì 명 만 나이 | 属 shǔ 동 (십이지의) ~띠이다 | 马 mǎ 명 말 | 年纪 niánjì 명 나이, 연령 | 岁 suì 명 살, 세 | 同岁 tóngsuì 동 동갑이다

어법 노하우 대 공개

■ 의문부사 '多'+형용사

'多'는 의문부사로 쓰여 키, 몸무게, 나이, 길이, 높이, 넓이, 깊이 등을 물을 수 있다. '多'로 묻는 의문문에는 동사 '有'가 같이 쓰일 수 있다.

(有)多 +
- 高 gāo　(키가) 얼마나 큰가요? / (높이가) 얼마나 높나요?
- 重 zhòng　(몸무게가) 얼마나 나가나요?
- 大 dà　(나이가) 어떻게 되나요?
- 长 cháng　(길이가) 얼마나 긴가요?

① 키를 물어볼 때

키와 높이를 물을 때는 '높다', '(키가) 크다'라는 뜻의 형용사 '高 gāo'를 사용한다.

A 你(有)多高? 키가 얼마나 되나요?
　Nǐ (yǒu) duō gāo?

B 一米七八。 178cm요.
　Yì mǐ qī bā.

알아두자! 키가 178cm라고 할 때 '一米七十八'라고 읽지 않는다.

② 몸무게를 물어볼 때

몸무게를 물을 때는 '무겁다'라는 뜻의 형용사 '重 zhòng'을 사용하며, '斤 jīn'을 단위로 하여 대답한다. '1斤'은 500g, 즉 0.5kg을 뜻한다.

A 你(有)多重? 몸무게가 얼마나 나가나요?
　Nǐ (yǒu) duō zhòng?

B 一百斤。 50kg이요.
　Yì bǎi jīn.

③ 나이를 물어볼 때

나이를 물을 때는 '많다'라는 뜻의 형용사 '大 dà'를 사용하며, 연령대에 따라 나이를 묻는 방식이 다르다.

- **10세 이하 어린아이에게 물을 때**

A 小朋友，你几岁? 꼬마야, 몇 살이니?
　Xiǎo péngyou, nǐ jǐ suì?

B 我七岁。 일곱 살이에요.
　Wǒ qī suì.

- **동년배에게 물을 때**

A 你多大? 나이가 어떻게 되죠?
　Nǐ duō dà?

B 我二十三。 스물셋입니다.
　Wǒ èrshísān.

- **연세가 많은 어르신에게 물을 때**

A 你爸爸多大年纪? / 你爸爸多大岁数? 네 아버지는 연세가 어떻게 되시니?
　Nǐ bàba duō dà niánjì? / Nǐ bàba duō dà suìshù?

B 我爸爸五十二岁。 아버지는 52세이셔.
　Wǒ bàba wǔshí'èr suì.

■ 띠 묻고 대답하기

띠를 묻고 답할 때는 동사 '属'를 사용한다. 대답은 '属' 뒤에 직접 띠를 나타내는 표현을 붙여서 '~띠이다'라고 한다.

A 你属什么? 띠가 뭐예요?
　Nǐ shǔ shénme?

B 我属猴。你是属什么的? 원숭이띠예요. 당신은 무슨 띠예요?
　Wǒ shǔ hóu. Nǐ shì shǔ shénme de?

A 我是属马的。 저는 말띠예요.
　Wǒ shì shǔ mǎ de.

■ 접두사 '小'와 '老'

성씨(姓) 앞에 '小'를 붙여 자신보다 어린 사람에 대한 친근감을 나타낼 수 있다. 자신과 비슷한 연령대이거나 나이가 많은 사람에게는 성씨 앞에 '老'를 붙여 친근감 또는 존중감을 나타낼 수 있다.

小韩　한 군 | 老张　장 씨
Xiǎo Hán　　　Lǎo Zhāng

小金个子很高。 김 군은 키가 크다.
Xiǎo Jīn gèzi hěn gāo.

这是老李的车。 이것은 이 형의 차다.
Zhè shì Lǎo Lǐ de chē.

'小'와 '老'는 단성(单姓) 앞에 붙이며, 복성(复姓)일 때는 생략한다.

小王，你好! 왕 양, 안녕!
Xiǎo Wáng, nǐ hǎo!

诸葛，你好! 제갈 군, 안녕!
Zhūgě, nǐ hǎo!

새 단어

长 cháng 형 길다 | 岁数 suìshù 명 나이, 연세 | 猴 hóu 명 원숭이 | 个子 gèzi 명 키 | 车 chē 명 자동차 | 诸葛 Zhūgě 명 제갈 [성씨]

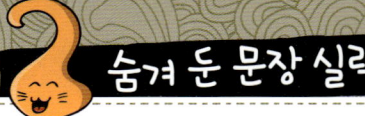 숨겨 둔 문장 실력

 바꿔서 말해 보고, 이를 활용해 대화를 나눠 보세요. 🎧 03-04

하나 我一米七九。
　　　一米五
　　　一米六四
　　　一米八三

一米五 yì mǐ wǔ 150cm | 一米六四 yì mǐ liù sì 164cm | 一米八三 yì mǐ bā sān 183cm

실력 up!
A 你多高?
B 我一米七九。

둘 我一百四十四斤。
　　　九十斤
　　　一百一十斤
　　　一百八十斤

九十斤 jiǔshí jīn 45kg | 一百一十斤 yìbǎi yìshí jīn 55kg | 一百八十斤 yìbǎi bāshí jīn 90kg

A 你多重?
B 我一百四十四斤。

셋 我今年二十周岁。
　　　二十五岁
　　　三十岁
　　　四十一周岁

二十五岁 èrshíwǔ suì 25세 | 三十岁 sānshí suì 30세 | 四十一周岁 sìshíyī zhōusuì 만 41세

A 你今年多大?
B 我今年二十周岁。

단어 플러스

여러 가지 동물

老鼠 lǎoshǔ 쥐 | 牛 niú 소 | 老虎 lǎohǔ 호랑이 | 兔子 tùzi 토끼 | 龙 lóng 용 | 蛇 shé 뱀 | 马 mǎ 말 | 羊 yáng 양 | 猴 hóu 원숭이 | 鸡 jī 닭 | 狗 gǒu 개 | 猪 zhū 돼지 | 猫 māo 고양이 | 鸭子 yāzi 오리 | 企鹅 qǐ'é 펭귄 | 熊猫 xióngmāo 판다 | 鸟 niǎo 새 | 鹿 lù 사슴 | 狮子 shīzi 사자

나만의 복습 다이어리

오늘은 '多 duō'를 써서 키, 몸무게, 나이를 묻고 답하는 방법을 배웠다는 말씀!
'多'는 형용사로 '많다'는 뜻이기도 하지만 '얼마나'라는 뜻의 부사일 때는 뒤에 '高 gāo', '重 zhòng', '大 dà'를 써서 키, 몸무게, 나이를 묻는 표현을 만들 수 있어.

그렇다면 대답은 어떻게 할까? 키가 178cm라고 하려면 '一米七十八'가 아니라 '一米七八 yì mǐ qī bā'라고 한다는 것에 주의하자! 그럼 160cm는? '一米六 yì mǐ liù'라고 하면 되겠지.
그리고 중국인들은 몸무게를 말할 때 재미있게도 '근(斤 jīn)'으로 이야기하는데 '1斤'은 500g, 즉 0.5kg을 뜻해. 만약 46kg이라고 대답하려면 어떻게 표현해야 할까? 46 곱하기 2를 해서 92근 즉 九十二斤 jiǔshí'èr jīn 이라 하면 되겠지!

또 중국어로 나이를 물을 때는 상대방의 나이에 맞는 표현을 써야 해. 하긴 뭐 우리도 아기한테 '연세가 어떻게 되세요?'라고 하지는 않으니까. 그럼 다시 한번 확인해 보자고!

어린 아이의 나이를 물을 때는   你几岁? Nǐ jǐ suì?
일반적으로 성인의 나이를 물을 때는   你多大? Nǐ duō dà?
연장자에게 나이를 물어볼 때는   您多大年纪? Nín duō dà niánjì?

맞다! 띠도 배웠는데 빠뜨릴 뻔했네~ 띠를 말할 때는 동사 '属 shǔ' 뒤에 띠에 해당하는 동물을 쓰면 되더라고. 그러니까 소띠는 '属牛 shǔ niú'라 하면 OK!

즉문즉답

Q 선생님, 중국에서 kg은 안 쓰나요?

A 중국에서는 kg보다 g의 단위인 '斤'을 더 많이 사용합니다.

kg은 '公斤 gōngjīn'이라고 하는데, 일상에서는 '公斤'보다 '斤'을 더 많이 쓴답니다. 육류, 채소, 과일의 무게를 달거나 몸무게를 잴 때 모두 '斤'을 사용하지요. 우리는 kg에 익숙하다 보니 처음엔 '斤'으로 말하기가 좀 어색한데, kg을 '斤'으로 바꿀 때는 kg의 수치에 곱하기 2만 하면 됩니다. 그러니 몸무게가 50kg이면 '一百斤 yìbǎi jīn'이 되는 것입니다.

차근차근 실력 확인

1 잘 듣고 그림과 녹음 내용이 일치하면 O표, 일치하지 않으면 X표를 해 보세요. 🎧 03-05

① ( )   ② ( )

③ ( )   ④ ( )

2 주어진 뜻에 해당하는 단어를 찾아 빈칸에 써 보세요.

今年	重	总是
马	和	秘密
女人	周岁	属

① 비밀 _____   ② 올해 _____   ③ ~와 _____

④ 무겁다 _____   ⑤ 말 _____   ⑥ 늘, 언제나 _____

⑦ ~ 띠이다 _____   ⑧ 만 나이 _____   ⑨ 여인 _____

3 대화가 완성될 수 있도록 문장을 알맞게 연결해 보세요.

① 你多高?　　　　　　　　　　　　A 我属猪。
　Nǐ duō gāo?　　　　　　　　　　　 Wǒ shǔ zhū.

② 你今年多大?　　　　　　　　　　B 我今年二十周岁。
　Nǐ jīnnián duō dà?　　　　　　　　Wǒ jīnnián èrshí zhōusuì.

③ 你多重?　　　　　　　　　　　　C 我一米七九。
　Nǐ duō zhòng?　　　　　　　　　　Wǒ yì mǐ qī jiǔ.

④ 你属什么?　　　　　　　　　　　D 我一百四十四斤。
　Nǐ shǔ shénme?　　　　　　　　　 Wǒ yìbǎi sìshísì jīn.

4 주어진 한어병음과 한자를 참고하여 빈칸에 알맞게 쓰고, 문장 전체의 뜻을 써 보세요.

① Nǐ duō gāo?

| 你 | | 高 | ? |

뜻: _____?

② Nǐ māma jīnnián duō dà niánjì?

| 你 | 妈 | 妈 | 今 | 年 | | | | ? |

뜻: _____?

③ 我一米七九。

Wǒ _____.

뜻: _____.

④ 我属马。

Wǒ shǔ _____.

뜻: _____.

 **발음·성조 클리닉**

📋 i, ü, -i 발음을 연습해 보세요. 🎧 03-06

Step 1 기본 연습

i	ü	-i
yi di xi	ju nü yu	ci zhi shi

Step 2 확장 연습

i	ü	-i
yìqǐ dìlǐ xǐyù	jùjué nǚxu yǔyī	cíyǔ zhīchí shíqī

Step 3 잰말놀이 연습

Zhè tiān tiān xiàyǔ, tǐyùjú chuān lǜ yǔyī de nǚ Xiǎo Lǚ,

qù zhǎo chuān lǜ yùndòngyī de nǚ Lǎo Lǐ.

Chuān lǜ yǔyī de nǚ Xiǎo Lǚ,

méi zhǎodào chuān lǜ yùndòngyī de nǚ Lǎo Lǐ.

간체자와 친해지기

✏️ 획순을 참고해서 간체자를 따라 써 보세요.

大 dà
一 ナ 大

高 gāo
丶 亠 亠 古 古 咼 高 高 高

重 zhòng
一 二 千 千 舌 舌 重 重 重

女 nǚ
〈 女 女

岁 suì
丨 屮 屮 屮 岁 岁

马 mǎ
丆 马 马

猴 hóu
丿 犭 犭 犭 犷 犷 犷 狞 猴 猴 猴

和 hé
一 二 千 千 禾 禾 和 和

03 我今年二十周岁。 47

중국문화 속으로 풍덩

중국 요리 기행 ②

쓰촨 요리 (川菜 Chuāncài)

쓰촨 성(四川省 Sìchuānshěng)은 성 내에 민강(岷江 Mínjiāng), 타강(沱江 Tuójiāng), 가릉강(嘉陵江 Jiālíngjiāng), 오강(乌江 Wūjiāng)의 4대 강이 흐르기 때문에 쓰촨(四川)이라는 명칭이 붙게 되었다. 쓰촨 성은 산과 구릉이 많고 바다와 멀리 떨어져 있어 더위와 추위가 심한 곳이므로 이러한 악천후를 이겨내기 위하여 마늘, 파, 고추 등 향신료를 많이 쓴 매운 요리가 발달하였다. 쓰촨 요리는 청두(成都 Chéngdū)와 충칭(重庆 Chóngqìng) 두 지역의 요리가 대표적이며, 입안을 톡 쏘며 아리게 하는 맛인 '마라(麻辣 málà)'가 특징이다. 요즘 한국인들에게 인기가 많은 중국식 샤브샤브 '훠궈(火锅 huǒguō)' 역시 쓰촨 요리를 대표하는 요리 중 하나이다.

火锅 huǒguō

鱼香肉丝 yúxiāngròusī

麻婆豆腐 mápódòufu

후난 요리 (湘菜 Xiāngcài)

후난 성(湖南省 Húnánshěng)은 사계절이 분명하고 강우량과 일조량이 많아 식자재가 풍부한 곳으로 유명하다. 후난 요리는 고추(辣椒 làjiāo)를 많이 사용하는 것이 특징이고, 신 김치(酸泡菜 suānpàocài)를 양념으로 넣어 시고 매운맛으로 입맛을 돋우는 요리가 다수를 차지한다. 후난 요리의 주 재료로는 고수(香菜 xiāngcài), 소금에 절이거나 훈제하여 말린 고기나 생선 등이 있다. 다양한 요리법이 있지만 특히 약한 불로 오래 졸이는 조리법이 발달하였다.

剁椒鱼头 duòjiāoyútóu

红椒腊牛肉 hóngjiāolàniúròu

冰糖湘莲 bīngtángxiānglián

04

豆豆眼睛很大。
Dòudou yǎnjing hěn dà.

콩알이는 눈이 커요.

학습 포인트

- 주술술어문
- '有'로 수량 표현하기
- '还'의 용법 익히기
- '吧'의 용법 익히기

나의 회화 수첩

상황 1 부모님의 안부 묻기는 기본   🎧 04-01

民 俊: **你爸爸、妈妈身体好吗?**
Nǐ bàba、māma shēntǐ hǎo ma?

松 怡: **他们身体都很好。你父母呢?**
Tāmen shēntǐ dōu hěn hǎo. Nǐ fùmǔ ne?

民 俊: **他们也都很好。**
Tāmen yě dōu hěn hǎo.

身体 shēntǐ 몡 몸, 건강 | 父母 fùmǔ 몡 부모

상황 2 무슨 색을 좋아하나요?   🎧 04-02

珍 珠: **那件蓝衬衫颜色怎么样?**
Nà jiàn lán chènshān yánsè zěnmeyàng?

松 怡: **那件蓝衬衫颜色不错。**
Nà jiàn lán chènshān yánsè búcuò.

珍 珠: **你喜欢蓝色吗?**
Nǐ xǐhuan lánsè ma?

松 怡: **我很喜欢蓝色。**
Wǒ hěn xǐhuan lánsè.

蓝 lán 혱 남색의 | 衬衫 chènshān 몡 셔츠, 블라우스 | 颜色 yánsè 몡 색, 색깔 | 不错 búcuò 혱 괜찮다, 좋다 | 喜欢 xǐhuan 동 좋아하다 | 蓝色 lánsè 몡 파란색 ▶红色 hóngsè 빨간색, 黄色 huángsè 노란색, 绿色 lǜsè 녹색, 白色 báisè 흰색, 黑色 hēisè 검은색, 紫色 zǐsè 보라색

 우리 집 강아지 콩알이 🎧 04-03

青青 这就是你养的小狗啊?
Zhè jiù shì nǐ yǎng de xiǎogǒu a?

乐天 是啊，叫豆豆。
Shì a, jiào Dòudou.

青青 豆豆有一岁吗?
Dòudou yǒu yí suì ma?

乐天 它还不到九个月呢。
Tā hái bú dào jiǔ ge yuè ne.

青青 豆豆眼睛很大，腿很短，太可爱了。
Dòudou yǎnjing hěn dà, tuǐ hěn duǎn, tài kě'ài le.

乐天 你这么喜欢，你也养一只吧。
Nǐ zhème xǐhuan, nǐ yě yǎng yì zhī ba.

青青 不行，我妈妈不同意养宠物。
Bùxíng, wǒ māma bù tóngyì yǎng chǒngwù.

养 yǎng 동 기르다, 키우다 | 小狗 xiǎogǒu 명 강아지 | 有 yǒu 동 (수량이) ~만큼 되다 | 它 tā 대 그것 | 眼睛 yǎnjing 명 눈 | 腿 tuǐ 명 다리 | 短 duǎn 형 짧다 | 太……了 tài……le 너무 ~하다 | 可爱 kě'ài 형 귀엽다 | 这么 zhème 대 이렇게 | 只 zhī 양 마리 | 不行 bùxíng 동 안 된다, 허락하지 않다 | 同意 tóngyì 동 동의하다, 허락하다 | 宠物 chǒngwù 명 애완동물

어법 노하우 대 공개

■ 주술술어문

주술술어문이란 '주어+술어' 구조가 전체 문장의 술어가 되는 문형을 말한다. 문장 전체의 주어를 '주어+술어' 구조가 설명하거나 묘사, 평가한다.

① 긍정형

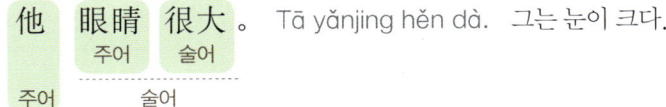

Tā yǎnjing hěn dà.　그는 눈이 크다.

② 부정형

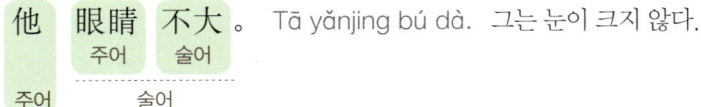

Tā yǎnjing bú dà.　그는 눈이 크지 않다.

■ 주술술어문과 형용사술어문의 비교

주술술어문과 형용사술어문 모두 사람이나 사물의 성질과 상태를 묘사하거나 설명하는 문형이다. 형용사술어문은 형용사가 단독으로 술어가 되지만 주술술어문은 술어 부분이 '주어+술어' 형식으로 다시 나누어진다는 점에서 차이가 있다.

주술술어문		형용사술어문	
兔子 Tùzi 주어 토끼는	尾巴很短。 wěiba hěn duǎn. 술어: [주어+술어] 꼬리가 짧다.	兔子的尾巴 Tùzi de wěiba 주어 토끼(의) 꼬리는	很短。 hěn duǎn. 술어 짧다.

■ 동사 '喜欢'

동사 '喜欢'은 '~을 좋아하다'라는 뜻으로, '喜欢' 뒤에 명사나 동사성 단어가 목적어로 올 수 있다.

我喜欢你。　나는 너를 좋아해.
Wǒ xǐhuan nǐ.

她喜欢喝茶。　그녀는 차 마시는 것을 좋아해요.
Tā xǐhuan hē chá.

■ 동사 '有'

동사 '有'는 '소유하다'라는 뜻 외에 '수량이 ~만큼 되다'라는 뜻으로도 쓰인다.

这座山有1545米。　이 산은 1,545m에 이릅니다.
Zhè zuò shān yǒu yìqiān wǔbǎi sìshíwǔ mǐ.

小李有二十岁。　이 군은 스무 살이 됐어요.
Xiǎo Lǐ yǒu èrshí suì.

他的办公室有四十八平方米。　그의 사무실은 48㎡입니다.
Tā de bàngōngshì yǒu sìshíbā píngfāngmǐ.

■ '还'의 용법

'还'는 부사로 쓰일 때는 '아직', '여전히', '또'라는 뜻이지만, 동사로 쓰일 때는 '돌려주다', '갚다'라는 뜻이다. 품사가 달라지면 발음이 달라지는 것에 주의한다.

① 부사 还 hái

我还不知道。　나는 아직 모르겠어.
Wǒ hái bù zhīdào.

② 동사 还 huán

我还你钱。　너한테 돈을 갚을게.
Wǒ huán nǐ qián.

■ '吧'의 여러 가지 용법

명령	你快来吧！ Nǐ kuài lái ba! 얼른 와!
권유	你也吃吧。 Nǐ yě chī ba. 너도 먹어 봐.
청유	我们一起跳舞吧。 Wǒmen yìqǐ tiàowǔ ba. 우리 같이 춤 춰요.
확인	你喜欢我，是吧？ Nǐ xǐhuan wǒ, shì ba? 너 나 좋아하지, 그렇지?
추측	他是医生吧？ Tā shì yīshēng ba? 그는 의사선생님이지?
동의	好吧，明天见吧。 Hǎo ba, míngtiān jiàn ba. 좋아. 내일 만나자.

새 단어

尾巴 wěiba 명 꼬리 | 座 zuò 양 부피가 크거나 고정된 물체를 세는 단위 | 山 shān 명 산 | 办公室 bàngōngshì 명 사무실 |
知道 zhīdào 동 알다 | 快 kuài 부 빨리 | 一起 yìqǐ 부 같이 | 跳舞 tiàowǔ 춤을 추다 | 医生 yīshēng 명 의사

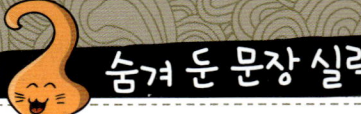

▶ 바꿔서 말해 보고, 이를 활용해 대화를 나눠 보세요. 🎧 04-04

하나 他们身体都很好。
  她们
  爷爷、奶奶
  伯父、伯母

她们 tāmen 그녀들 | 爷爷 yéye 할아버지 | 奶奶 nǎinai 할머니 | 伯父 bófù 아저씨 | 伯母 bómǔ 아주머니

실력 Up!
A 你爸爸、妈妈身体好吗?
B 他们身体都很好。

둘 我很喜欢蓝色。
  红色
  白色
  黑色

红色 hóngsè 빨간색 | 白色 báisè 흰색 | 黑色 hēisè 검은색

A 你喜欢蓝色吗?
B 我很喜欢蓝色。

셋 它还不到九个月呢。
  一个月
  五个月
  七个月

一个月 yí ge yuè 1개월 | 五个月 wǔ ge yuè 5개월 | 七个月 qī ge yuè 7개월

A 豆豆有一岁吗?
B 它还不到九个月呢。

단어 플러스

신체 부위

头 tóu 머리 | 眼睛 yǎnjing 눈 | 耳朵 ěrduo 귀 | 鼻子 bízi 코 | 脖子 bózi 목 | 嘴 zuǐ 입 | 胸 xiōng 가슴 | 肩(膀) jiān(bǎng) 어깨 | 肚子 dùzi 배 | 腰 yāo 허리 | 手 shǒu 손 | 手腕 shǒuwàn 손목 | 手指 shǒuzhǐ 손가락 | 手指甲 shǒuzhǐjiǎ 손톱 | 大腿 dàtuǐ 허벅지 | 小腿 xiǎotuǐ 종아리 | 膝盖 xīgài 무릎 | 脚 jiǎo 발

나만의 복습 다이어리

오늘은 사람이나 사물을 묘사할 때 많이 쓰는 주술술어문을 배웠는데, 자칫 형용사술어문하고 헷갈릴 수 있겠더라고. 어느새 비슷한 어법이 헷갈릴 정도의 실력이 되다니! 하하~ 역시 타고났어!
그럼 주술술어문과 형용사술어문을 집중 분석해 볼까?

첫번째! 我 眼睛很大。 Wǒ yǎnjing hěn dà.

이 문장은 주술술어문인데 여기서 주어는 '我', 술어는 '眼睛很大'야.

두번째! 我的眼睛 很大。 Wǒ de yǎnjing hěn dà.

이 문장은 형용사술어문이고 여기서 주어는 '眼睛', 술어는 '很大'라고 할 수 있겠지.
역시 문장은 잘게 잘라서 보면 쉽게 이해가 된단 말씀. 박수 짝짝짝!!

주술술어문을 분석하고 나니 복습을 다 한 것 같은데…… 아 맞다! 오늘 색깔에 대해서도 배웠지!
본문에는 '蓝色 lánsè'만 나왔지만 선생님께서 여러 가지 색을 추가로 알려 주셨어.
한 번씩 써 보고 마무리하자!

빨강은 红色 hóngsè, **노랑은** 黄色 huángsè, **녹색은** 绿色 lǜsè

흰색은 白色 báisè, **검은색은** 黑色 hēisè, **보라색은** 紫色 zǐsè

즉문즉답

Q 선생님, 중국어로도 우리말처럼 구체적으로 색깔을 표현할 수 있나요?

A 중국어로는 색을 표현하는데 한계가 있습니다.

중국어는 뜻글자이기 때문에 소리글자인 우리말처럼 구체적이고 실감나게 색을 표현하는 데는 한계가 있어요. 예를 들어 우리말로는 같은 파란색이어도 '푸르스름하다', '시퍼렇다', '푸르죽죽하다' 등 여러 가지 표현이 가능하지만, 중국어로는 '蓝(lán 파란)', '浅蓝(qiǎnlán 연한 남색의)', '深蓝(shēnlán 짙푸른)', 또는 형용사를 중첩해서 '蓝蓝(lánlān 푸르르다)' 정도로 표현할 수 있습니다.

1 잘 듣고 그림과 녹음 내용이 일치하면 O표, 일치하지 않으면 X표를 해 보세요. 🎧 04-05

❶

( )

❷

( )

❸

( )

❹

( )

2 주어진 뜻에 해당하는 단어를 찾아 빈칸에 써 보세요.

身体	蓝	同意
颜色	眼睛	衬衫
腿	不错	父母

❶ 부모님 _____   ❷ 눈 _____   ❸ 몸, 건강 _____

❹ 동의하다 _____   ❺ 다리 _____   ❻ 파란색의 _____

❼ 괜찮다 _____   ❽ 블라우스 _____   ❾ 색 _____

3 대화가 완성될 수 있도록 문장을 알맞게 연결해 보세요.

① 你喜欢蓝色吗?
　　Nǐ xǐhuan lánsè ma?

② 你爸爸、妈妈身体好吗?
　　Nǐ bàba、māma shēntǐ hǎo ma?

③ 豆豆有一岁吗?
　　Dòudou yǒu yí suì ma?

④ 你也养一只小狗吧。
　　Nǐ yě yǎng yì zhī xiǎogǒu ba.

A 他们身体都很好。
　Tāmen shēntǐ dōu hěn hǎo.

B 它还不到九个月呢。
　Tā hái bú dào jiǔ ge yuè ne.

C 不行，我妈妈不同意养宠物。
　Bùxíng, wǒ māma bù tóngyì yǎng chǒngwù.

D 我很喜欢蓝色。
　Wǒ hěn xǐhuan lánsè.

4 주어진 한어병음과 한자를 참고하여 빈칸에 알맞게 쓰고, 문장 전체의 뜻을 써 보세요.

① Bàba、māma shēntǐ dōu hěn hǎo.

| 爸 | 爸 | 、 | 妈 | 妈 | | | 很 | 好 | 。 |

뜻 : _____.

② Dòudou tuǐ hěn duǎn, tài kě'ài le.

| 豆 | 豆 | 腿 | 很 | 短 | , | | | | 。 |

뜻 : _____.

③ 那件蓝衬衫颜色不错。

　Nà jiàn lán chènshān _____ .

뜻 : _____.

④ 我妈妈不同意养宠物。

　Wǒ māma bù tóngyì _____ .

뜻 : _____.

04 豆豆眼睛很大。　57

 발음·성조 클리닉

e, üe, uei 발음을 연습해 보세요. 04-06

Step 1 기본 연습

e
he
ge
te

üe
lüe
que
jue

uei
dui
wei
shui

Step 2 확장 연습

e
hēshuǐ
géhé
tèyuē

üe
cèlüè
quèqiè
juéde

uei
duìcè
wéiguī
ruìxuě

Step 3 잰말놀이 연습

Zhēn jué, zhēn jué, zhēn jiào jué,

hàoyuè dāngkōng xià dàxuě,

máquè yóuyǒng bù fēiyuè,

quècháo jiūzhàn què xǐyuè.

간체자와 친해지기

✏️ 획순을 참고해서 간체자를 따라 써 보세요.

身 shēn
丿 亻 勹 勹 身 身 身

体 tǐ
丿 亻 亻 什 什 休 体

父 fù
丿 丶 八 分 父

母 mǔ
乚 口 口 母 母

蓝 lán
一 艹 艹 艹 艹 艹 莎 萨 菾 萨 蓝 蓝

养 yǎng
丶 丷 ⺷ 兰 兰 羊 美 养 养

颜 yán
丶 亠 ㇐ 立 产 产 彦 彦 彦 颅 颜 颜 颜

色 sè
丿 ⺈ 勹 名 色 色

04 豆豆眼睛很大。

중국문화 속으로 풍덩

중국의 전통 예술 맛보기 - 경극

우리나라의 대표적인 전통 예술로 판소리를 꼽는다면, 중국의 대표적인 전통 예술로는 단연코 경극(京剧 Jīngjù)을 꼽을 수 있겠다. 경극은 1930~40년대에 가장 성행했던 중국의 전통 가극을 말한다.

'베이징 오페라'라는 이름으로 알려져 있는 경극은 그 이름처럼 처음부터 베이징에서 생긴 것은 아니다. 청나라 건륭(乾隆 Qiánlóng) 시기인 1790년 안후이 성(安徽省 Ānhuīshěng)의 4대 가극단이 베이징(北京 Běijīng)의 가극단과 합류해 곤곡(昆曲 Kūnqǔ), 한극(汉剧 Hànjù), 익양강(弋阳腔 Yìyángqiāng), 난탄(乱弹 Luàntán)을 합쳐 새로운 가극으로 탄생시키면서 시작되었다고 할 수 있다.

경극은 노래(唱 chàng), 대사(念 niàn), 연기(做 zuò), 무술(打 dǎ), 춤(舞 wǔ)이 하나가 되는 종합 예술로, 경극 속의 인물들은 기쁨(喜 xǐ), 분노(怒 nù), 슬픔(哀 āi), 즐거움(乐 lè), 놀라움(惊 jīng), 두려움(恐 kǒng), 연민(悲 bēi)을 표현한다.

배우는 크게 남자 배역인 생(生 shēng), 여자 배역의 단(旦 dàn), 호걸 혹은 악한 배역의 정(净 jìng), 어릿광대 배역의 축(丑 chǒu), 단역인 말(末 mò)로 나뉜다. 경극은 그 화려한 의상과 현란한 동작도 볼만하지만 경호(京胡 jīnghú), 징(锣 luó), 북(鼓 gǔ)을 중심으로 한 반주의 선율과 리듬은 경극을 관전하는 이들의 귀를 즐겁게 해준다.

대표적인 경극 배우로는 메이란팡(梅兰芳 Méi Lánfāng)이 있다. 단(旦)역을 연기하며 호소력 짙은 창법과 표현 연기가 일품이었던 메이란팡은 경극을 세계적으로 알리는 데 커다란 기여를 했다.

경극을 배경으로 한 영화로는 장궈룽(张国荣 Zhāng Guóróng)이 주연을 맡았던 『패왕별희(霸王别姬 Bàwángbiéjī, 1993)』가 있다. 오래된 영화이긴 하지만 경극과 더불어 중국의 현대사를 이해하는 데 큰 도움이 되니 꼭 한번 보기를 권한다.

나의 회화 수첩

상황 1 전화를 기다리며 05-01

民俊　我晚上给你打电话吧。
　　　Wǒ wǎnshang gěi nǐ dǎ diànhuà ba.

松怡　好的，大概几点？
　　　Hǎo de, dàgài jǐ diǎn?

民俊　大概9点左右。
　　　Dàgài jiǔ diǎn zuǒyòu.

给 gěi 개 ~에게 | 打 dǎ 동 (전화를) 걸다 | 电话 diànhuà 명 전화 | 大概 dàgài 부 대략, 대충 | 左右 zuǒyòu 명 가량, 정도

상황 2 연애와 결혼? 05-02

松怡　你男朋友对你好吗？
　　　Nǐ nán péngyou duì nǐ hǎo ma?

珍珠　他对我很好。
　　　Tā duì wǒ hěn hǎo.

松怡　你想跟他结婚吗？
　　　Nǐ xiǎng gēn tā jiéhūn ma?

珍珠　这我还不知道。
　　　Zhè wǒ hái bù zhīdào.

对 duì 개 ~에 대해 | 跟 gēn 개 ~와, ~과 | 结婚 jiéhūn 동 결혼하다 | 知道 zhīdào 동 알다

 상황 3 친절하게 길 안내하기   🎧 05-03

游 客: 从这里坐2路公共汽车到明洞吗?
Cóng zhèli zuò èr lù gōnggòngqìchē dào Míngdòng ma?

张金喜: 不到，你坐9路或者11路吧。
Bú dào, nǐ zuò jiǔ lù huòzhě shíyī lù ba.

游 客: 大概有几站路?
Dàgài yǒu jǐ zhàn lù?

张金喜: 明洞离这儿有三站路。
Míngdòng lí zhèr yǒu sān zhàn lù.

游 客: 是吗？谢谢!
Shì ma? Xièxie!

张金喜: 不客气。
Bú kèqi.

从 cóng 개 ~에서, ~로부터 | 坐 zuò 통 (교통 수단을) 타다 | 路 lù 명 (교통 수단의) 노선 | 公共汽车 gōnggòngqìchē 명 버스 ▶公交车 gōngjiāochē 버스 | 明洞 Míngdòng 고유 명동 | 或者 huòzhě 접 아니면, 혹은 | 站 zhàn 명 역, 정류장 | 离 lí 개 ~에서, ~로부터 | 不客气 bú kèqi 천만에요, 별말씀을요 ●游客 yóukè 여행객

어법 노하우 대 공개

■ **개사(介词)**

개사는 명사나 대명사 앞에 놓여 개사구(介词句)를 이루어 주로 술어 앞에서 부사어 역할을 한다.

① 개사의 특징

개사는 단독으로 쓰이지 않고 반드시 명사나 대명사 등의 목적어와 결합한다.

我明天给你打电话。 내가 내일 너에게 전화할게.
Wǒ míngtiān gěi nǐ dǎ diànhuà.

부정부사는 개사 앞에 위치한다.

他不在家看书。 그는 집에서 책을 보고 있지 않아요.
Tā bú zài jiā kàn shū.

② 자주 쓰는 개사

- 给 : [给+대상+동사], '~에게 ~을 (해)주다'

  我给你买自行车。 내가 너에게 자전거를 사 줄게.
  Wǒ gěi nǐ mǎi zìxíngchē.

- 跟 : [跟+대상], '~와'

  我跟你一起去。 나는 너와 같이 갈 거야.
  Wǒ gēn nǐ yìqǐ qù.

- 对 : [对+대상], '~에게, ~을 향하여'

  老师对我很好。 선생님은 나에게 잘해주십니다.
  Lǎoshī duì wǒ hěn hǎo.

  他对我说："没关系"。 그는 나에게 '괜찮아'라고 말했어요.
  Tā duì wǒ shuō: "méi guānxi".

- 从 A 到 B : [从+출발지/출발시점+到+목적지/목표시점], 'A에서 B까지'

  从我家到学校很近。 우리 집에서 학교까지는 가까워요.
  Cóng wǒ jiā dào xuéxiào hěn jìn.

  从9点到10点上汉语课。 9시부터 10시까지 중국어 수업을 해요.
  Cóng jiǔ diǎn dào shí diǎn shàng Hànyǔ kè.

- A 离 B : [장소/시간+离+장소/시간], 'A는 B에서/로부터'

  火车站离我家不远。 기차역은 우리 집에서 멀지 않아요.
  Huǒchēzhàn lí wǒ jiā bù yuǎn.

  离春节还有三天。 설까지 3일 남았어요.
  Lí Chūn Jié hái yǒu sān tiān.

■ 어림수

대강 짐작으로 말하는 수를 어림수라고 한다. 근접한 숫자를 연이어 쓰거나 '多', '几', '来', '左右'를 사용해 어림수를 나타낼 수 있다.

- 연이은 숫자

    一两天 하루 이틀 | 五六岁 대여섯 살
    yì liǎng tiān   wǔ liù suì

- 多 : 수사 뒤에 놓여 약간 더 많음을 나타냄

    一个多小时 한 시간 남짓 | 一个多月 한 달여 | 一年多 1년 남짓
    yí ge duō xiǎoshí   yí ge duō yuè   yì nián duō

- 几 : 1~9 사이의 불확실한 수를 나타내고 뒤에 양사를 동반함

    十几个 열 몇 개 | 几百斤 몇백 근
    shíjǐ ge   jǐ bǎi jīn

- 来 : 수사 뒤에 놓여 약간 넘치는 수량을 나타냄

    十来个人 여남은 명 | 三十来岁 30여 세
    shí lái ge rén   sānshí lái suì

- 左右 : 수사 뒤에 놓여 약간 많거나 적은 것을 나타냄

    二十个左右 스무 개 정도 | 三点半左右 세 시 반 정도 | 一米八左右 180cm 가량
    èrshí ge zuǒyòu   sān diǎn bàn zuǒyòu   yì mǐ bā zuǒyòu

■ 여러 가지 번호 읽기

두 자리 숫자의 번호는 그대로 읽고, 세 자리 숫자 이상의 번호는 한 글자씩 읽는다.

24号 èrshísì hào 24번 | 302路 sān líng èr lù 302번 [버스 노선]

번호 중의 '1'은 'yāo'로 읽는다.

我住学生宿舍11楼104房间。 나는 학생 기숙사 11층 104호에 살아요.
Wǒ zhù xuésheng sùshè shíyī lóu yāo líng sì fángjiān.

■ 접속사 '或者'

'或者'는 '아니면', '혹은'의 뜻을 나타내며 의문문에는 쓸 수 없다.

我星期六或者星期天去中国。 저는 토요일이나 일요일에 중국에 가요.
Wǒ xīngqīliù huòzhě xīngqītiān qù Zhōngguó.

새 단어

说 shuō 동 말하다 | 近 jìn 형 가깝다 | 火车站 huǒchēzhàn 명 기차역 | 远 yuǎn 형 멀다 | 春节 Chūn Jié 명 설, 음력 정월 초하루 | 小时 xiǎoshí 명 시간 | 住 zhù 동 살다, 거주하다 | 宿舍 sùshè 명 기숙사 | 楼 lóu 명 층 | 房间 fángjiān 명 방

숨겨 둔 문장 실력

▶ 바꿔서 말해 보고, 이를 활용해 대화를 나눠 보세요. 🎧 05-04

하나 我晚上给你打电话吧。
　　　明天　　他
　　　现在　　妈妈
　　　下星期　张老师

明天 míngtiān 내일 | 他 tā 그 | 现在 xiànzài 지금 | 妈妈 māma 엄마 | 下星期 xià xīngqī 다음 주 | 张老师 Zhāng lǎoshī 장 선생님

실력 Up!
A 我晚上给你打电话吧。
B 好的。

둘 他对我很好。
　　我老公
　　小李
　　老板

我老公 wǒ lǎogōng 우리 남편 | 小李 Xiǎo Lǐ 이 군 | 老板 lǎobǎn 사장님

A 你男朋友对你好吗?
B 他对我很好。

셋 从这儿到那儿非常近。
　　　学校　　银行
　　　地铁站　公司
　　　邮局　　超市

学校 xuéxiào 학교 | 银行 yínháng 은행 | 地铁站 dìtiězhàn 지하철역 | 公司 gōngsī 회사 | 邮局 yóujú 우체국 | 超市 chāoshì 슈퍼마켓

A 从这儿到那儿近吗?
B 从这儿到那儿非常近。

단어 플러스

전화와 관련된 표현

电话号码 diànhuà hàomǎ 전화번호 | 打电话 dǎ diànhuà 전화를 걸다 | 接电话 jiē diànhuà 전화를 받다 | 占线 zhànxiàn 통화 중이다 | 回电话 huí diànhuà (전화 건 사람에게) 다시 전화하다 | 公用电话 gōngyòng diànhuà 공중전화 | 国际电话 guójì diànhuà 국제전화 | 挂电话 guà diànhuà 전화를 끊다

나만의 복습 다이어리

오늘은 개사와 어림수에 대해서 공부했는데 개사는 영어의 전치사와 같은 개념이라고 보면 되겠어. 오늘 배운 개사는 '给(gěi ~에게)', '跟(gēn ~와)', '对(duì ~에 대해)', '从(cóng ~에서)', '离(lí ~로부터)'가 있었지. 이 중에서 특히 '离'는 약간 어렵게 느껴졌지만 예문을 보면 쉽게 이해가 되더라고. 한번 확인해 볼까?

 '명동은 여기서 세 정류장 거리예요.'를 말하려면?
明洞离这儿有三站路。Míngdòng lí zhèr yǒu sān zhàn lù.

다음 복습할 내용은 어림수. 어림수는 처음엔 개념이 좀 안 잡혔는데, 우리 할머니가 잘 쓰시는 '서너 개'라는 표현을 생각해보니 '아하!' 싶었지. 중국도 우리처럼 근접한 숫자를 연이어 써서 '三四个 sān sì ge'라고 하면 된대. 어림수를 나타내는 다른 방법들도 있었는데 '아홉 시쯤'이라고 할 때는 '左右 zuǒyòu'를 써서 '9点左右 jiǔ diǎn zuǒyòu'라 하면 돼.

1권을 공부할 때 만난 적 있는 조동사 '想 xiǎng'도 본문에서 다시 한번 배웠고, '이거 아니면 저거' 할 때 쓰는 접속사 '或者 huòzhě'도 공부했어. '或者'는 의문문에 쓸 수 없다고 선생님께서 강조★★★하셨지! 외우자! 외우자!

마지막으로 교통 수단 중의 하나인 시내버스 '公共汽车 gōnggòngqìchē'를 배웠는데
실제 회화에서는 '公交车 gōngjiāochē'를 많이 쓴대.
그럼 나도 이제 슬슬 '公交车' 타러 나가볼까나~~~

즉문즉답

Q 선생님, '从学校到地铁站很远.'과 '学校离地铁站很远.'은 어떻게 달라요?

A 위의 두 문장은 개사 '从'과 '离'의 차이를 보여주는 문장이지요.

'从A到B'에서 A는 출발지나 출발 시간임을 나타내고, 'A离B'는 A와 B 사이의 거리나 시간의 차이를 나타냅니다. 즉 앞 문장의 '从学校到地铁站'은 '학교에서부터 지하철역까지'라는 뜻이고, 뒤 문장의 '学校离地铁站'은 '학교는 지하철역으로부터'라는 뜻이 됩니다. 두 문장을 해석해 볼까요?

从学校到地铁站很远。학교에서 지하철역까지 멀어요.
学校离地铁站很远。학교는 지하철역에서 멀어요.

차근차근 실력 확인

1 잘 듣고 그림과 녹음 내용이 일치하면 O표, 일치하지 않으면 X표를 해 보세요. 🎧 05-05

❶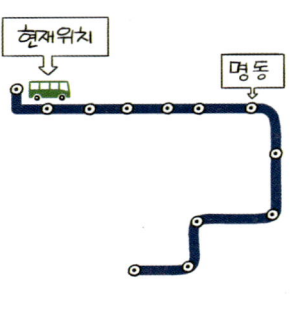

(   )

❷

(   )

❸

(   )

❹

(   )

2 주어진 뜻에 해당하는 단어를 찾아 빈칸에 써 보세요.

结婚	公共汽车	电话
跟	给	对
知道	男朋友	大概

❶ 대충 _____   ❷ 시내버스 _____   ❸ ~와 _____

❹ 전화 _____   ❺ ~에 대해 _____   ❻ 결혼하다 _____

❼ 알다 _____   ❽ ~에게 _____   ❾ 남자친구 _____

3 대화가 완성될 수 있도록 문장을 알맞게 연결해 보세요.

① 你男朋友对你好吗?
　Nǐ nán péngyou duì nǐ hǎo ma?

② 我晚上给你打电话吧。
　Wǒ wǎnshang gěi nǐ dǎ diànhuà ba.

③ 大概有几站路?
　Dàgài yǒu jǐ zhàn lù?

④ 谢谢。
　Xièxie.

A 不客气。
　Bú kèqi.

B 离这儿有三站路。
　Lí zhèr yǒu sān zhàn lù.

C 大概几点?
　Dàgài jǐ diǎn?

D 他对我很好。
　Tā duì wǒ hěn hǎo.

4 주어진 한어병음과 한자를 참고하여 빈칸에 알맞게 쓰고, 문장 전체의 뜻을 써 보세요.

① Nǐ zuò jiǔ lù huòzhě shíyī lù ba.

| 你 | 坐 | 9 | 路 | | 11 | 路 | 吧 | 。 |

뜻 : _____.

② Zhè wǒ hái bù zhīdào.

| 这 | 我 | 还 | | | 。 |

뜻 : _____.

③ 我晚上给你打电话吧。

　Wǒ wǎnshang ＿＿＿＿ dǎ diànhuà ba.

뜻 : _____.

④ 你想跟他结婚吗?

　Nǐ xiǎng ＿＿＿＿＿＿ ma?

뜻 : _____?

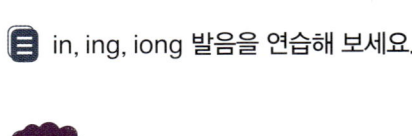

📄 in, ing, iong 발음을 연습해 보세요. 🎧 05-06

Step 1 기본 연습

in	ing	iong
qin xin yin	ting ling ying	jiong xiong yong

Step 2 확장 연습

in	ing	iong
qīnxìn pīnyīn jìnxíng	jīngyíng mínglìng yíngxīn	jiǒngjìng yòngpǐn xióngxìng

Step 3 잰말놀이 연습

Tiān shang qī kē xīng, shù shang qī zhī yīng,

liáng shang qī ge dīng, tái shang qī zhǎn dēng.

Ná shàn shān le dēng, yòng shǒu bá le dīng,

jǔ qiāng dǎ le yīng, wūyún gài le xīng.

간체자와 친해지기

✏️ 획순을 참고해서 간체자를 따라 써 보세요.

结 jié
乚 乡 纟 纟 纣 纣 结 结 结

婚 hūn
乚 夊 女 女ˊ 妁 妡 妡 婚 婚 婚

给 gěi
乚 纟 纟 纟 纠 纷 给 给 给

对 duì
フ 又 又ˇ 对 对

跟 gēn
丨 口 口 足 足 足 趴 趴 跟 跟 跟

从 cóng
丿 人 从 从

离 lí
丶 亠 文 文 肉 离 离 离 离

到 dào
一 厶 云 至 至 至 到 到

05 我给你打电话。 71

중국어 속으로 풍덩

돌다리 두드리지 맙시다!

하루, 이틀 시간이 흐르며 우리 학생들의 중국어 실력이 점점 늘어간다. 아무것도 없던 '무(无)'에서 시작해 '유(有)'를 만들어 가는 학생들의 한 마디 한 마디가 얼마나 감사하고 예쁜지 모른다.

필자는 처음부터 회화를 시키는 선생이다 보니 발음 공부와 함께 회화를 유도하는데, 필자의 질문에 대답을 할 때 학생들이 두 부류로 나뉜다. 그들의 특징을 보면 한쪽은 되든 안 되든 중국어로 대답을 하고, 한쪽은 중국어를 한국어로 번역해본 후에야 대답을 한다는 것이다. 필자가 바라는 것은 당연히 전자 쪽인지라, 후자의 학생들에게 절대로 먼저 번역하지 말고 바로 중국어로 대답하라고 협박도 해 보지만 소용이 없다. 그들의 이유인즉슨, 그렇게 먼저 확인을 안 하면 불안하다는 것이다. 돌다리도 두드려 보고 가라고 했다나?

그 마음을 모르지 않기에 '그렇군요! 그럼 계속 그렇게 하세요~'라고 말해 주고 싶지만, 여러분의 중국어를 위해 그건 절대 용납을 못 하겠다. 왜냐하면 그렇게 확인하고 대답하는 것이 습관이 되어 버리는 순간, 여러분의 중국어 회화도 영원히 물 건너가게 되니까. 어떤 학생은 '선생님~ 지금은 번역하면서 하고 나중에 고칠게요.'라고 하지만, 장담하건대 그 버릇 여든까지 간다. 중국인과 대화할 때 '잠깐! 나 번역 먼저 해 보고 대답할게!'가 통할까? 그러니 아무 때나 돌다리 두드리지 말자!

중국어를 이제 막 시작했고 머리와 입이 따로 노는 데다 한자와 발음, 성조도 헷갈리는데 회화까지 하라고 하니 막막하기도 하고 겁도 날 것이다. 하지만 기초를 배울 때 좋은 습관을 들여놓아야 여러분의 중국어가 건강한 뿌리를 내릴 수 있다. 그러니 '맞으면 좋고, 틀리면 우리 선생님이 고쳐 주시겠지!'라고 생각하고 일단 뱉고 보는 거다. 여러분 앞에 최고 실력자 선생님이 있는데 무슨 걱정인가!

요즘은 여기저기 정보가 넘치다 보니 자칫 엉뚱한 정보에 현혹되기 쉬운데, 여러분의 중국어를 바른길로 인도할 가장 정확한 정보는 여러분 선생님의 말씀 속에 있다는 사실을 기억하자! 자기 학생 망치고 싶어 하는 선생님은 절대로 없다! 그러니 여러분도 여러분의 선생님을 믿고 안 좋다고 하는 언어습관은 애초에 가까이 하지 말자.

다시 한 번 강조하는데, 돌다리 두드리지 말고 그냥 건너세요~

단어 실력 점프

1 주어진 뜻에 해당하는 단어를 한자로 써 보세요.

① _____ 반

② _____ 시작하다

③ _____ 돼지고기

④ _____ 달러

⑤ _____ 할인하다

⑥ _____ 나이

⑦ _____ 혹은

⑧ _____ 눈

⑨ _____ 색깔

⑩ _____ ~에게

⑪ _____ 알다

⑫ _____ 정류장

2 알맞은 단어를 골라 빈칸에 써서 문장을 완성해 보세요.

几　　多少　　多　　身体　　给

① 你_____高?

② 这条裤子_____钱?

③ 现在_____点?

④ 我_____你打电话吧。

⑤ 我爸爸、妈妈_____都很好。

1 그림을 참고하여 빈칸에 옷이나 색깔과 관련된 단어를 써 보세요.

2 주어진 단어를 보고 한어병음을 알맞게 써 보세요.

① 现在 _____ ② 六点 _____ ③ 一刻 _____

④ 要 _____ ⑤ 两千 _____ ⑥ 多少钱 _____

⑦ 才 _____ ⑧ 同岁 _____ ⑨ 一百 _____

⑩ 宠物 _____ ⑪ 养 _____ ⑫ 可爱 _____

⑬ 不客气 _____ ⑭ 左右 _____ ⑮ 或者 _____

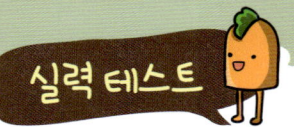

1-5 잘 듣고 녹음 내용과 어울리는 그림을 골라 보세요. 06-01

1 (　　)　　2 (　　)　　3 (　　)

4 (　　)　　5 (　　)

a

b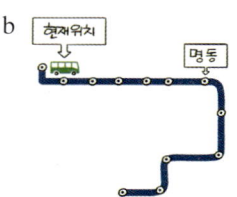

c

d

e

6 다음 중 시간 순서대로 알맞게 배열된 것은?

① 早上 - 下午 - 上午 - 晚上
② 早上 - 上午 - 下午 - 晚上
③ 上午 - 早上 - 下午 - 晚上
④ 早上 - 上午—晚上 - 下午

7 다음 중 시간 표현이 잘못된 것은?

① 08:15 - 八点一刻
② 06:00 - 六点
③ 02:30 - 二点半
④ 09:45 - 九点三刻

8 다음 중 돈의 액수를 잘못 읽은 것은?

① 22.4元 ： 二十二块四毛
② 30.02元 ： 三十块零二分
③ 0.22元 ： 两毛二
④ 132.30元 ： 一百三十两块三

9 다음 중 어림수가 잘못 쓰인 것은?

① 三四天　② 一个月多
③ 两年左右　④ 三十来岁

10 다음 밑줄 친 부분에 들어갈 말로 알맞은 것을 고르세요.

_____ 这儿有三站路。

① 给　② 从　③ 对　④ 离

11 다음 중 동사의 성격이 다른 하나는?

① 结婚　　② 知道
③ 上课　　④ 聊天

12 다음 밑줄 친 부분에 들어갈 단어로 알맞은 것을 고르세요.

你坐9路车_____11路吧。

① 还是　　② 和
③ 或者　　④ 给

13 다음 중에서 도량형을 나타내는 양사끼리 바르게 묶인 것을 고르세요.

a 斤　　b 张　　c 两
d 条　　e 个　　f 米

① a - c - f　　② a - d - e
③ b - d - f　　④ b - c - d

14 다음 중 이합사에 대한 설명으로 맞지 않는 것은?

① 이합사는 '동사+목적어'로 이루어진 단어이다.
② 이합사 뒤에 목적어가 올 수 있다.
③ 동사 부분과 목적어 부분을 분리해서 쓸 수 있다.
④ 이합사는 2음절 동사이다.

15 다음 중 자신보다 어린 사람에 대한 친근감을 나타내는 의미의 접두사는?

① 小　　② 老　　③ 少　　④ 大

16 다음 중 예문의 해석이 잘못된 것은?

① 差五分六点。
　6시 5분 전이다.
② 我要换美元。
　달러를 환전하려고 합니다.
③ 你今年多大?
　너 올해 얼마나 컸니?
④ 你也养一只吧。
　너도 한 마리 키워.

17 다음 밑줄 친 부분을 중국어로 바르게 옮긴 것을 고르세요.

A 你多高?
B <u>179cm</u>야.

① 一米七十九
② 一米七九
③ 一百七十九
④ 一七九

18-19 다음 대화를 읽고 답해 보세요.

A 你_____什么?
B 我_____猪。

18 위의 대화에서 무엇에 대한 이야기를 하고 있는지 고르세요.

① 나이　② 돼지　③ 띠　④ 동물

19 위의 대화에서 밑줄 친 부분에 들어갈 동사로 맞는 것은?

① 叫　② 是　③ 在　④ 属

20 다음 중 '有'의 용법이 다른 하나는?

① 小李有三十岁。
② 我有自行车。
③ 这座山有1500米。
④ 你有多重?

21 다음 중 '吧'가 추측 용법으로 쓰인 것은?

① 明天见吧。
② 他是学生吧?
③ 我们走吧。
④ 她也去，是吧?

22-25 주어진 단어를 어순에 맞게 배열해 보세요.

22 眼睛　不太　他　大

_____。

23 我　电话　给　你　打

_____。

24 什么时候　机场　爸爸　到

_____?

25 不　我　喜欢　喝茶

_____。

26-29 주어진 한자를 사용해 작문해 보세요.

26 7시 15분에서야 그가 비로소 왔어. (一刻，才)

_____。

27 너희 반에 남학생이 얼마나 돼? (班，多少)

_____?

28 너희 아버지 연세가 어떻게 되셔? (多大，年纪)

_____?

29 그녀는 집에서 책을 보지 않아요. (在，看)

_____。

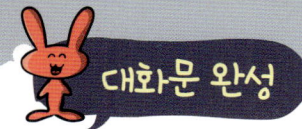

대화문 완성

1-6 그림의 상황을 참고하여 어울리는 대화를 완성해 보세요.

1

A 音乐会_____点开始?
B 六点_____开始。

2

A 这条裤子_____钱?
B _____块钱。

3

A 你_____?
B 我一米八。

4

A 你妈妈今年_____年纪?
B 她今年_____岁。

5

A 那件衬衫打_____折?
B 打_____折。

6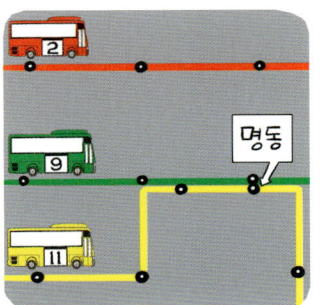

A 从这里坐2路_____到明洞吗?
B 不到，你坐9路_____11路吧。

도전! 중국 노래

朋友
péngyou

周华健 Zhōu Huájiàn

这些年一个人风也过雨也走
Zhèxiē nián yí ge rén fēng yě guò yǔ yě zǒu

有过泪有过错还记得坚持什么
Yǒuguo lèi yǒuguo cuò hái jìde jiānchí shénme

真爱过才会懂会寂寞会回首
Zhēn àiguo cái huì dǒng huì jìmò huì huíshǒu

终有梦终有你在心中
Zhōng yǒu mèng zhōng yǒu nǐ zài xīn zhōng

朋友一生一起走那些日子不再有
Péngyou yìshēng yìqǐ zǒu nàxiē rìzi bú zài yǒu

一句话一辈子一生情一杯酒
Yí jù huà yíbèizi yìshēng qíng yì bēi jiǔ

朋友不曾孤单过一声朋友你会懂
Péngyou bùcéng gūdānguo yì shēng péngyou nǐ huì dǒng

还有伤还有痛还要走还有我
Hái yǒu shāng hái yǒu tòng hái yào zǒu hái yǒu wǒ

나 홀로 힘들게 지나온 나날들.
후회의 눈물도 많이 흘렸지만, 그래도 어떤 믿음이 있기에 버텨왔어.
진정한 사랑을 해봐야 고독과 그리움을 알 수 있지.
내 마음 속엔 나의 꿈과 네가 있단다.
친구야 같이 가자. 지난날은 다시 오지 않지만.
우리 우정이 변치 않기를 맹세하며 술 한 잔 하자.
친구야 이젠 혼자가 아니야. 우린 서로를 알잖니.
앞으로의 험난한 길, 내가 다리가 되어 줄게.

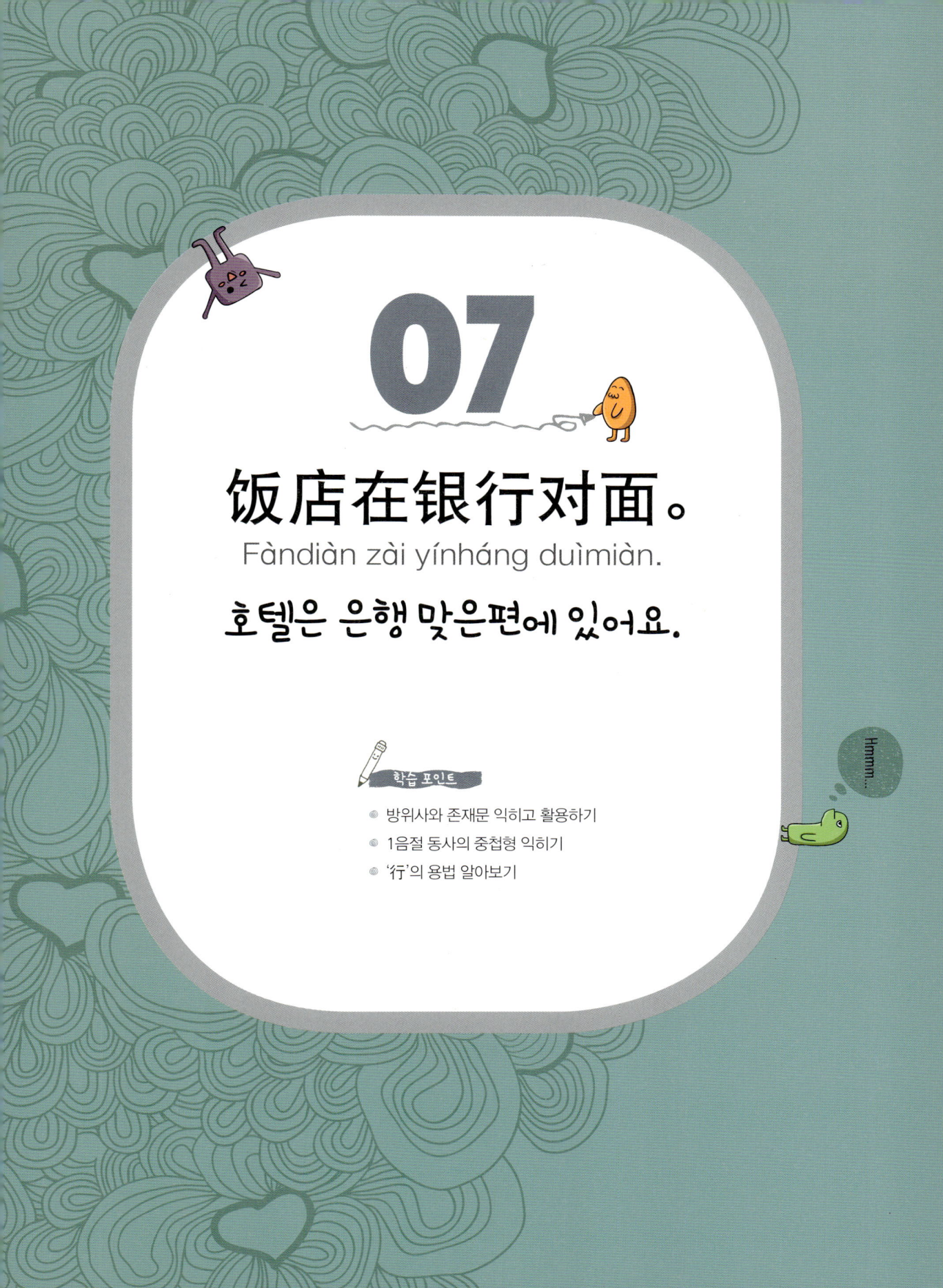

나의 회화 수첩

 상황 1 어디로 가나요? 🎧 07-01

游客: 请问，地铁站在哪儿?
Qǐngwèn, dìtiězhàn zài nǎr?

松怡: 地铁站在邮局旁边。
Dìtiězhàn zài yóujú pángbiān.

游客: 首尔饭店呢?
Shǒu'ěr fàndiàn ne?

松怡: 首尔饭店在银行对面。
Shǒu'ěr fàndiàn zài yínháng duìmiàn.

请问 qǐngwèn 동 말씀 좀 여쭙겠습니다 | 地铁站 dìtiězhàn 명 지하철역 | 邮局 yóujú 명 우체국 | 旁边 pángbiān 명 옆, 근처 | 首尔 Shǒu'ěr 고유 서울 | 饭店 fàndiàn 명 호텔 | 银行 yínháng 명 은행 | 对面 duìmiàn 명 맞은편

 상황 2 아빠의 건망증 🎧 07-02

金泰山: 老婆，你在家吗?
Lǎopo, nǐ zài jiā ma?

张金喜: 我在家，什么事儿?
Wǒ zài jiā, shénme shìr?

金泰山: 你看看屋里有没有我的公文包。
Nǐ kànkan wū li yǒu méiyǒu wǒ de gōngwénbāo.

张金喜: 有。你的公文包在床上。
Yǒu. Nǐ de gōngwénbāo zài chuáng shang.

老婆 lǎopo 명 아내, 처 ▶丈夫 zhàngfu 남편, 爱人 àiren 남편 혹은 아내 | 事(儿) shì(r) 명 일 | 屋 wū 명 집, 방 | 里 lǐ 명 안 | 公文包 gōngwénbāo 명 서류 가방 | 床 chuáng 명 침대 | 上 shàng 명 위

 오늘은 엄마와 데이트하는 날! 🎧 07-03

乐 天 　你们学校附近有没有中餐厅?
　　　　Nǐmen xuéxiào fùjìn yǒu méiyǒu zhōngcāntīng?

张金喜　学校前面有两家，你想吃中国菜吗?
　　　　Xuéxiào qiánmian yǒu liǎng jiā, nǐ xiǎng chī Zhōngguó cài ma?

乐 天 　我想吃火锅。
　　　　Wǒ xiǎng chī huǒguō.

张金喜　那你晚上去我那儿吧。
　　　　Nà nǐ wǎnshang qù wǒ nàr ba.

乐 天 　好的。我几点去你那儿?
　　　　Hǎo de. Wǒ jǐ diǎn qù nǐ nàr?

张金喜　你六点半到我们学校门口就行。
　　　　Nǐ liù diǎn bàn dào wǒmen xuéxiào ménkǒu jiù xíng.

学校 xuéxiào 명 학교 | **附近** fùjìn 명 부근, 근처 | **中餐厅** zhōngcāntīng 명 중국 식당 ▶**西餐厅** xīcāntīng 레스토랑 | **前面** qiánmian 명 앞, 앞쪽 | **家** jiā 양 집, 점포 등을 세는 단위 | **中国菜** Zhōngguó cài 명 중국 음식 | **火锅** huǒguō 명 훠궈 [중국식 샤브샤브] | **门口** ménkǒu 명 입구, 문 앞 | **行** xíng 동 ~해도 된다

 **어법 노하우 대 공개**

■ 방위사

방위사는 방위를 나타내는 명사를 말하며 문장에서 주어, 관형어, 목적어, 부사어로 쓰인다. 방위사는 단순 방위사와 합성 방위사로 나뉘는데, 합성 방위사는 단순 방위사 뒤에 '边 biān', '面 miàn'을 붙여 만든다.

단순 방위사		합성 방위사	
东 dōng 동	西 xī 서	东边 dōngbian 동쪽	西边 xībian 서쪽
南 nán 남	北 běi 북	南边 nánbian 남쪽	北边 běibian 북쪽
上 shàng 위	下 xià 아래	上边 shàngbian 위쪽	下边 xiàbian 아래쪽
前 qián 앞	后 hòu 뒤	前边 qiánbian 앞쪽	后边 hòubian 뒤쪽
左 zuǒ 좌	右 yòu 우	左边 zuǒbian 왼쪽	右边 yòubian 오른쪽
里 lǐ 안	外 wài 밖	里边 lǐbian 안쪽	外边 wàibian 바깥쪽
旁 páng 옆	中 zhōng 중간	旁边 pángbiān 옆쪽	中间 zhōngjiān 가운데
		对面 duìmiàn 맞은편	

알아두자! '旁边', '中间', '对面'을 제외한 모든 합성 방위사는 '边' 대신 '面'을 붙여도 된다.

방위사가 관형어로 쓰일 때는 반드시 방위사 뒤에 '的'를 붙여 준다. 하지만 방위사가 관형어의 수식을 받을 때는 '的'를 쓰지 않는다.

我喜欢左边的裤子。 나는 왼쪽의 바지가 마음에 들어요.
Wǒ xǐhuan zuǒbian de kùzi.

银行在超市前边。 은행은 슈퍼마켓 앞쪽에 있어요.
Yínháng zài chāoshì qiánbian.

장소를 나타내는 명사 뒤에 '里边'과 '上边'이 올 때는 '边'을 생략하고 '里', '上'만 쓴다.

教室里有六个人。 교실 안에 여섯 명이 있어요.
Jiàoshì li yǒu liù ge rén.

桌子上有几本书。 책상 위에 책이 몇 권 있어요.
Zhuōzi shang yǒu jǐ běn shū.

■ 존재문

동사 '有'와 '在'를 써서 특정한 장소에 사람이나 사물이 존재함을 나타내는 문장을 만들 수 있다.

'有'는 '장소+有+수량사+사람/사물'의 형태로 쓰며, '~에 사람 또는 사물이 있다'는 뜻을 나타낸다.

我家后边有一家医院。 Wǒ jiā hòubian yǒu yì jiā yīyuàn. 우리 집 뒤쪽에 병원이 하나 있어요.

'在'는 '사람/사물+在+장소'의 형태로 쓰며, '사람 또는 사물이 ~에 있다'는 뜻을 나타낸다.

医院在我家后边。 Yīyuàn zài wǒ jiā hòubian. 병원은 우리 집 뒤쪽에 있어요.

■ 1음절 동사의 중첩

동사를 중첩하면 가벼운 어감을 띠고, 빠른 시간 안에 어떤 동작을 하거나 시도해 봄을 나타낼 수 있다.

- **AA : 좀 ~하다**
  看看 kànkan 좀 보다 | 等等 děngdeng 좀 기다리다 | 听听 tīngting 좀 들어 보다

- **AA看 : ~를 시도해 보다**
  试试看 shìshi kàn 시험 삼아 해 보다 | 问问看 wènwen kàn 물어보다

  > 알아두자! AA형식으로 동사를 중첩할 경우, 두 번째 음절은 항상 경성으로 발음한다.

- **A—A : ~해 보다**
  尝一尝 cháng yi cháng 맛 좀 보다 | 想一想 xiǎng yi xiǎng 생각해 보다

- **A了A : ~해 봤다**
  看了看 kàn le kàn 좀 보았다 | 想了想 xiǎng le xiǎng 생각해 보았다

■ '行'의 용법

동사 '行'은 '좋다', '~해도 된다'의 의미를 나타낸다.

你跟他一起去就行。 당신은 그 사람과 가도 돼요.
Nǐ gēn tā yìqǐ qù jiù xíng.

行，我们吃中国菜吧。 좋아, 우리 중국 음식을 먹자.
Xíng, wǒmen chī Zhōngguó cài ba.

형용사 '行'은 '능력 있다'의 의미를 나타낸다.

乐天，你真行！ 낙천아, 너 정말 대단하다!
Lètiān, nǐ zhēn xíng!

새 단어

教室 jiàoshì 명 교실 | 桌子 zhuōzi 명 책상 | 医院 yīyuàn 명 병원

숨겨 둔 문장 실력

▶ 바꿔서 말해 보고, 이를 활용해 대화를 나눠 보세요. 🎧 07-04

하나
地铁站在**邮局**旁边。
- 饭店后边
- 书店右边
- 医院对面

饭店后边 fàndiàn hòubian 호텔 뒤쪽 | 书店右边 shūdiàn yòubian 서점 오른쪽 | 医院对面 yīyuàn duìmiàn 병원 맞은편

실력 Up!

A 请问，地铁站在哪儿？
B 地铁站在**邮局**旁边。

둘
你的**公文包**在**床上**。

书	桌子上
眼镜	书包里
裙子	衣柜里

书 shū 책 | 桌子上 zhuōzi shang 책상 위 | 眼镜 yǎnjìng 안경 | 书包里 shūbāo li 가방 안 | 裙子 qúnzi 치마 | 衣柜里 yīguì li 옷장 안

A 我的**公文包**在哪儿？
B 你的**公文包**在**床上**。

셋
学校**前面**有**两**家。

东边	一
左边	三
附近	四

东边 dōngbian 동쪽 | 一 yī 하나 | 左边 zuǒbian 왼쪽 | 三 sān 셋 | 附近 fùjìn 근처 | 四 sì 넷

A 你们学校附近有没有中餐厅？
B 学校**前面**有**两**家。

단어 플러스

다양한 장소 표현

医院 yīyuàn 병원 | 超市 chāoshì 슈퍼마켓 | 网吧 wǎngbā PC방 | 酒吧 jiǔbā 술집, 바 | 咖啡厅 kāfēitīng 커피숍 | 餐厅 cāntīng 식당 | 电影院 diànyǐngyuàn 영화관, 극장 | 文具店 wénjùdiàn 문구점 | 鞋店 xiédiàn 신발가게 | 面包店 miànbāodiàn 빵집 | 服装店 fúzhuāngdiàn 옷가게 | 美发厅 měifàtīng 미용실 | 健身房 jiànshēnfáng 헬스클럽

나만의 복습 다이어리

오늘은 존재문과 방위사에 대해 배웠어.

존재문에 필수로 들어가는 대표 동사에는 '有 yǒu'와 '在 zài'가 있더라고. 이 동사들은 그동안 앞에서 많이 봐 왔던 터라 반가운 친구를 만나는 느낌이더라고!

자, 그럼 공식으로 정리해 볼까?

'有'를 쓸 땐?   장소+有+사람/사물

'在'를 쓸 땐?   사람/사물+在+장소

방위사에서 특히 주의해야 할 점은 장소명사 뒤에 '里边'이나 '上边'이 등장하면 '边'을 생략하고 '里'와 '上'만 써야 한다는 것. 예를 들어

 '책상 위에 책이 세 권 있다.'는   桌子上有三本书。 Zhuōzi shang yǒu sān běn shū.

또 하나는 방위사가 관형어로 쓰이면 뒤에 '的'를 꼭 넣어서 '방위사+的+명사' 형식으로 써야 한다는 거야. 이것도 예를 들어 보면

 '앞쪽에 있는 자전거'는   前边的自行车 qiánbian de zìxíngchē

오늘 동사의 중첩도 배웠는데, 동사를 중첩하면 어감이 가벼워지고 한번 시험 삼아 해 본다는 뜻을 갖는다고 해. 그러니까 '你看! Nǐ kàn!' 하면 '너 봐!'와 같이 약간 명령조로 들리지만, '你看看! Nǐ kànkan!' 하면 '좀 봐봐'하고 완곡한 어감이 된다는 거지.

하루하루 쌓이는 외워야 할 것들…… 아직 갈 길이 멀었구나 싶지만 그래도 재미있는 중국어♡

즉문즉답

Q 선생님, '我去你那儿'에서 '那儿'이 없으면 안되나요?

A 네, '你' 뒤에 반드시 '那儿'이 들어가야 합니다.

'去'는 항상 장소 목적어를 동반하는 동사이기 때문에 '去' 뒤의 목적어가 명사나 대명사이면 여기에 '这儿'과 '那儿'을 붙여 장소 목적어로 만들어 줍니다. 해석은 '~한테'로 하면 됩니다.

我去你那。(X) → 我去你那儿。(O) 내가 너한테 갈게.
　　　　　　　　Wǒ qù nǐ nàr.

차근차근 실력 확인

1 잘 듣고 그림과 녹음 내용이 일치하면 O표, 일치하지 않으면 X표를 해 보세요. 🎧 07-05

❶ (　　　) ❷ (　　　)

❸ (　　　) ❹ (　　　)

2 주어진 뜻에 해당하는 단어를 찾아 빈칸에 써 보세요.

对面	地铁站	中餐厅
饭店	火锅	学校
旁边	公文包	附近

❶ 호텔 _____　❷ 맞은편 _____　❸ 학교 _____

❹ 중국 식당 _____　❺ 서류 가방 _____　❻ 옆쪽 _____

❼ 지하철역 _____　❽ 근처 _____　❾ 훠궈 _____

3 대화가 완성될 수 있도록 문장을 알맞게 연결해 보세요.

① 请问，地铁站在哪儿？
Qǐngwèn, dìtiězhàn zài nǎr?

② 你们学校附近有没有中餐厅？
Nǐmen xuéxiào fùjìn yǒu méiyǒu zhōngcāntīng?

③ 老婆，你在家吗？
Lǎopo, nǐ zài jiā ma?

④ 那你晚上去我那儿吧。
Nà nǐ wǎnshang qù wǒ nàr ba.

A 学校前面有两家。
Xuéxiào qiánmian yǒu liǎng jiā.

B 地铁站在邮局旁边。
Dìtiězhàn zài yóujú pángbiān.

C 好的。
Hǎo de.

D 我在家，什么事儿？
Wǒ zài jiā, shénme shìr?

4 주어진 한어병음과 한자를 참고하여 빈칸에 알맞게 쓰고, 문장 전체의 뜻을 써 보세요.

① Qǐngwèn, dìtiězhàn zài nǎr?

| | | ， | 地 | 铁 | 站 | 在 | 哪 | 儿 | ？ |

뜻 : _____?

② Shǒu'ěr fàndiàn zài yínháng duìmiàn.

| 首 | 尔 | 饭 | 店 | 在 | | | | 。 |

뜻 : _____.

③ 你看看屋里有没有我的公文包。

Nǐ kànkan wū li yǒu méiyǒu _____.

뜻 : _____.

④ 你六点半到我们学校门口就行。

Nǐ liù diǎn bàn dào wǒmen _____ jiù xíng.

뜻 : _____.

발음·성조 클리닉

📄 ai, ei, ie 발음을 연습해 보세요. 🎧 07-06

Step 1 기본 연습

ai
- cai
- sai
- chai

ei
- dei
- pei
- zei

ie
- nie
- xie
- ye

Step 2 확장 연습

ai
- kāijiě
- pàibié
- zhāipái

ei
- hēiyè
- měiwèi
- lèibié

ie
- lièqie
- tiēpái
- yèjiè

Step 3 잰말놀이 연습

Dàmèi hé xiǎomèi, yìqǐ qù shōu mài.

Dàmèi gē dàmài, xiǎomèi gē xiǎomài.

Dàmèi bāng xiǎomèi tiāo xiǎomài,

xiǎomèi bāng dàmèi tiāo dàmài.

간체자와 친해지기

✏️ 획순을 참고해서 간체자를 따라 써 보세요.

事 shì
一 亅 亏 写 写 写 事

问 wèn
丶 丨 门 问 问 问

首 shǒu
丶 丷 쓰 首 首 首 首 首 首

尔 ěr
丿 𠂉 尓 尔 尔

菜 cài
一 丆 艹 艹 艹 艹 艹 苙 苹 菜 菜

旁 páng
丶 亠 宀 宀 产 产 产 芳 旁

里 lǐ
丨 冂 日 日 甲 里 里

前 qián
丶 丷 丷 亓 芇 芇 前 前 前

중국문화 속으로 풍덩

중국인의 식사 예절 ①

내 자리는 어디일까?

중국의 식사 자리에서는 손님들을 초대한 주인이 그날의 식사를 주도하는데, 원탁 테이블일 경우 문을 마주하고 있는 자리가 주인의 자리가 된다. 예전에는 주인의 자리가 따로 표시되어 있지 않아 자리를 찾느라 우왕좌왕하기도 했지만 요즘에는 식당에서 냅킨 등을 이용해 주인의 자리를 미리 표시해두는 경우가 많다. 여러 명이 식사를 하다 보면 앉는 위치가 중요한데 손님의 좌석은 주인이 정하게 된다. 가장 귀한 손님이 주인의 오른쪽에, 그 다음으로 중요한 손님이 주인의 왼쪽에 앉으며 서열이 낮은 사람일수록 문에 가까운 자리나 문을 등진 자리에 앉는다. 자리에 앉을 때는 의자의 왼쪽으로 들어가면 된다.

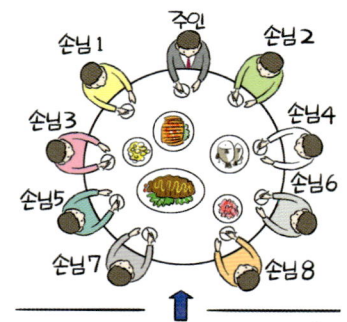

음식 주문은 짝수로

모두가 착석한 후 주인이 음식을 주문하는데 이때 손님이 나서서 이러쿵저러쿵 할 수 없다. 중국에서의 음식 주문은 짝수 요리에 탕류를 추가하는 식으로 이루어진다. 음식 주문 시 특히 주의해야 할 것은 절대로 7가지 요리를 주문해선 안 된다는 것이다. 그 이유는 중국에서는 집안에 상을 당했을 때만 7가지 요리로 문상객을 접대하기 때문이다. 생선 요리를 주문할 때는 식당 안에 있는 살아있는 생선을 직접 골라 무게를 확인하고 요리법을 정하는 것이 일반적이다.

중국음식 즐기기

주문한 요리가 나오는 순서는 전채 요리(冷盘 lěngpán)-익힌 요리(热菜 rècài)-탕(汤类 tānglèi)-주식(主食 zhǔshí)-과일(水果 shuǐguǒ) 순이다. 죽이나 상어지느러미탕(鱼翅汤 yúchìtāng)은 전채 요리가 나올 때 같이 나오고, 주식으로는 보통 밥(米饭 mǐfàn), 볶음밥 (炒饭 chǎofàn), 소 없는 찐빵(馒头 mántou), 국수(面条 miàntiáo) 등이 나온다. 주인과 손님들은 먼저 술과 요리를 먹다가 탕이 나올 때쯤 주식을 먹으며 식사 자리를 마무리한다. 종업원이 요리를 주인 앞에 놓으면 주인은 양쪽의 귀빈에게 먼저 요리를 덜어 준 후에 회전판을 돌려 다른 손님 앞으로 가게 한다. 주인이 회전판을 돌리기 전에 손님이 먼저 돌리는 것은 예의에 어긋나는 행동이니 주의해야 한다.

08

我送你一束玫瑰花。
Wǒ sòng nǐ yí shù méiguihuā.

당신에게 장미 한 다발 선물할게요.

학습 포인트
- 이중목적어를 갖는 동사 익히기
- 조동사 '想', '要', '可以'의 특징 파악하기

나의 회화 수첩

상황 1 특급 사실을 알려 주지! 🎧 08-01

民俊　我告诉你一件事儿。
　　　Wǒ gàosu nǐ yí jiàn shìr.

松怡　什么事儿?
　　　Shénme shìr?

民俊　我们学校的校花追我。
　　　Wǒmen xuéxiào de xiàohuā zhuī wǒ.

告诉 gàosu 동 알리다, 말하다 | 校花 xiàohuā 명 캠퍼스 퀸 | 追 zhuī 동 구애하다, 따라다니다

상황 2 해피 밸런타인데이 🎧 08-02

松怡　爸爸，你知道明天是情人节吗?
　　　Bàba, nǐ zhīdào míngtiān shì Qíngrén Jié ma?

金泰山　当然知道，
　　　　Dāngrán zhīdào,
　　　　所以我要送你妈妈一束玫瑰花。
　　　　suǒyǐ wǒ yào sòng nǐ māma yí shù méiguihuā.

松怡　爸爸，你太浪漫了!
　　　Bàba, nǐ tài làngmàn le!

情人节 Qíngrén Jié 명 밸런타인데이 | 当然 dāngrán 형 당연하다, 부 당연히 | 所以 suǒyǐ 접 그래서 | 送 sòng 동 보내다, 선물하다 | 束 shù 양 다발, 묶음 | 玫瑰花 méiguihuā 명 장미꽃 | 浪漫 làngmàn 형 낭만적이다

 낙천이의 만화책 사랑 08-03

青青 这些漫画书都是你的吗?
Zhèxiē mànhuàshū dōu shì nǐ de ma?

乐天 是我的。
Shì wǒ de.

青青 可以借我一本吗?
Kěyǐ jiè wǒ yì běn ma?

乐天 可以。来，给你。
Kěyǐ. Lái, gěi nǐ.

青青 我下星期还你，行吗?
Wǒ xià xīngqī huán nǐ, xíng ma?

乐天 行啊。
Xíng a.

漫画书 mànhuàshū 명 만화책 | 可以 kěyǐ 조동 ~해도 된다, ~할 수 있다 | 借 jiè 동 빌리다, 빌려주다 | 来 lái 동 어떤 동작을 하다 | 还 huán 동 돌려주다

어법 노하우 대 공개

■ 이중목적어를 갖는 동사

중국어의 일부 동사는 2개의 목적어(간접목적어, 직접목적어)를 동반한다.
이중목적어를 갖는 동사로는 '教(jiāo 가르치다)', '问(wèn 묻다)', '给(gěi 주다)', '还(huán 돌려주다)', '送(sòng 보내다)', '告诉(gàosu 알리다)', '叫(jiào ~라 부르다)', '借(jiè 빌리다)' 등이 있다. 동사 '找 zhǎo'는 여러 가지 뜻이 있지만 '(돈을) 거슬러주다'라는 의미로 쓸 때만 이중목적어를 갖는다.

[동사+간접목적어+직접목적어]

我给你一本书。 내가 너에게 책 한 권을 줄게.
Wǒ gěi nǐ yì běn shū.

我告诉你一个秘密。 내가 너에게 비밀 하나를 알려줄게.
Wǒ gàosu nǐ yí ge mìmì.

> **알아두자!** 직접목적어에는 수량사가 자주 동반된다.

이중목적어를 갖는 동사는 간접목적어나 직접목적어 중 하나만 동반할 수도 있다.

张老师教我们汉语。 장 선생님은 우리에게 중국어를 가르치신다.
Zhāng lǎoshī jiāo wǒmen Hànyǔ.

张老师教我们。 장 선생님은 우리를 가르치신다.
Zhāng lǎoshī jiāo wǒmen.

张老师教汉语。 장 선생님은 중국어를 가르치신다.
Zhāng lǎoshī jiāo Hànyǔ.

■ 조동사 (1)

조동사는 동사 앞에 놓여 주어의 바람(~하고 싶다), 능력(~할 수 있다), 가능(~해도 된다)의 뜻을 나타낸다.
주요 조동사로는 '想', '要', '可以', '会', '能' 등이 있다.

① 조동사의 특징

- **조동사는 동사 앞에 위치한다.**

  我想喝茶。 나는 차를 마시고 싶어요.
  Wǒ xiǎng hē chá.

- **부정부사는 조동사 앞에 위치한다.**

  我不想吃饭。 나는 밥을 먹고 싶지 않아요.
  Wǒ bù xiǎng chīfàn.

- 정반의문문을 만들 때는 동사 대신 조동사를 반복한다.

  你要不要去中国? 너 중국에 갈 거야, 안 갈 거야?
  Nǐ yào bu yào qù Zhōngguó?

- 조동사는 중첩할 수 없다.

  我想想去美国。(X)

② 주요 조동사

- '想'과 '要'

  주어의 희망, 의지를 나타내는 조동사이다.

想	~하고 싶다 [희망, 계획]	(긍정) 我想买手机。 나는 휴대전화를 사고 싶어. Wǒ xiǎng mǎi shǒujī. (부정) 我不想买手机。 나는 휴대전화를 사고 싶지 않아. Wǒ bù xiǎng mǎi shǒujī.
要	~하려고 하다 [주어의 의지]	(긍정) 我要去留学。 나는 유학을 가려고 해. Wǒ yào qù liúxué. (부정) 我不想去留学。 나는 유학 가고 싶지 않아. Wǒ bù xiǎng qù liúxué.
	~해야만 한다 [당위성]	(긍정) 借东西要还。 물건을 빌리면 돌려줘야 한다. Jiè dōngxi yào huán. (부정) 借东西不用还。 물건을 빌리면 돌려줄 필요 없다. Jiè dōngxi bú yòng huán.

  알아두자! '不要 bú yào'는 '~하지 마라'는 금지의 뜻을 나타낸다.
  예) 你不要去! Nǐ bú yào qù! 가지 마!

- '可以'

  가능과 허가의 뜻을 나타내는 조동사이다.

可以	~해도 된다 [도의적인 허가]	(긍정) 现在可以休息了。 이제 쉬어도 됩니다. Xiànzài kěyǐ xiūxi le. (부정) 现在不能休息。 지금은 쉬면 안 됩니다. Xiànzài bù néng xiūxi.
	~할 수 있다 [조건, 환경의 허락]	(긍정) 这儿可以停车吗? 여기에 주차할 수 있습니까? Zhèr kěyǐ tíngchē ma? (부정) 这儿不能停车。 여기에 주차할 수 없습니다. Zhèr bù néng tíngchē.

  알아두자! '不可以 bù kěyǐ'는 금지의 뜻을 나타낸다.
  예) 这儿不可以照相。 Zhèr bù kěyǐ zhàoxiàng. 여기에서는 사진 촬영을 할 수 없습니다.

새 단어

留学 liúxué 동 유학하다 | 东西 dōngxi 명 물건 | 停车 tíngchē 동 주차하다 | 照相 zhàoxiàng 동 사진을 찍다

 숨겨 둔 문장 실력

▶ 바꿔서 말해 보고, 이를 활용해 대화를 나눠 보세요.   08-04

하나 我告诉你**一件事儿**。
　　　　　一个消息
　　　　　一个秘密
　　　　　一个地方

一个消息 yí ge xiāoxi 소식 하나ㅣ一个秘密 yí ge mìmì 비밀 하나ㅣ一个地方 yí ge dìfang 한 곳

실력 Up!

A 我告诉你**一件事儿**。
B 什么**事儿**?

둘 我要送她**一束玫瑰花**。
　　　　一件礼物
　　　　一枚钻戒指
　　　　一件外套

一件礼物 yí jiàn lǐwù 선물 하나ㅣ一枚钻戒指 yì méi zuànjièzhi 다이아몬드 반지 한 개ㅣ一件外套 yí jiàn wàitào 외투 한 벌

A 你要送妈妈什么?
B 我要送她**一束玫瑰花**。

셋 我**下星期还**你，行吗?
　　　　明天　　教
　　　　下个月　给
　　　　星期六　借

明天 míngtiān 내일ㅣ教 jiāo 가르치다ㅣ下个月 xià ge yuè 다음 달ㅣ给 gěi 주다ㅣ星期六 xīngqīliù 토요일ㅣ借 jiè 빌려주다

A 我**下星期还**你，行吗?
B 行啊。

단어 플러스

여러 가지 꽃

康乃馨 kāngnǎixīn 카네이션ㅣ郁金香 yùjīnxiāng 튤립ㅣ菊花 júhuā 국화ㅣ百合 bǎihé 백합ㅣ向日葵 xiàngrìkuí 해바라기ㅣ兰花 lánhuā 난초ㅣ喇叭花 lǎbahuā 나팔꽃ㅣ马蹄莲 mǎtílián 카라

나만의 복습 다이어리

오늘은 목적어를 두 개 가질 수 있는 동사를 배웠어.
이합사는 그 자체에 이미 목적어를 포함하고 있어서 뒤에 목적어가 올 수 없는데, 오늘 배운 동사는 목적어가 두 개씩이나 올 수 있다는 거야. 대표적인 단어로 '给 gěi', '教 jiāo', '问 wèn', '送 sòng', '告诉 gàosu', '叫 jiào', '借 jiè', '还 huán'이 있어.
그럼 이쯤에서 이중목적어를 쓰는 문장을 한번 만들어 볼까?

'이 선생님은 우리에게 중국어를 가르치신다.' 라고 할 때는

李老师教我们汉语。 Lǐ lǎoshī jiāo wǒmen Hànyǔ.

그리고 오늘부터 조동사에 대해서 본격적으로 배우기 시작했어. 조동사는 무조건 동사 앞에 와야 하고 조동사가 들어간 문장을 정반의문문으로 만들 때는 반드시 조동사를 반복해야 해.
그러니까 예를 들어 '我想去中国。'를 정반의문문으로 만들려면
'你想不想去中国? Nǐ xiǎng bu xiǎng qù Zhōngguó?' 라고 해야 한다는 거지.

그리고 조동사의 부정형 말이야~ 그냥 무조건 조동사 앞에 '不 bù'만 붙여 주면 될 게 아니더라고.
'要'를 부정한다고 '不要'라고 하면 '~하지 마'라는 금지의 뜻이 되어 버려. 그러니까 부정형의 형태도 쓰임에 맞게 주의해서 외워줘야겠지!

오늘도 배움의 기쁨을 만끽하며 하루를 마감하게 되어서 뿌듯뿌듯!!

즉문즉답

Q 선생님, '我给你打电话。'하고 '我给你一部手机。'는 다른 문장인가요?

A 네, 두 예문은 뜻이 다른 문장입니다.

위의 두 예문에서 '给'가 문장에서 어떤 역할을 하는지 보면 됩니다. 앞 문장에서는 '给'가 개사로 쓰였고, 뒤 문장에서는 이중목적어를 갖는 동사로 쓰였네요. 각각 해석을 해 볼까요?

我给你打电话。 Wǒ gěi nǐ dǎ diànhuà. 내가 너한테 전화할게.
我给你一部手机。 Wǒ gěi nǐ yí bù shǒujī. 내가 너한테 휴대전화를 한 대 줄게.

1 차근차근 실력 확인

1 잘 듣고 그림과 녹음 내용이 일치하면 O표, 일치하지 않으면 X표를 해 보세요. 🎧 08-05

❶ (   )   ❷ (   )

❸ (   )   ❹ (   )

2 주어진 뜻에 해당하는 단어를 찾아 빈칸에 써 보세요.

告诉	追	校花
当然	借	所以
浪漫	漫画书	束

❶ 다발 _____   ❷ 캠퍼스 퀸 _____   ❸ 알리다 _____

❹ 구애하다 _____   ❺ 당연히 _____   ❻ 만화책 _____

❼ 빌리다 _____   ❽ 낭만적이다 _____   ❾ 그래서 _____

3 대화가 완성될 수 있도록 문장을 알맞게 연결해 보세요.

① 可以借我一本吗?
Kěyǐ jiè wǒ yì běn ma?

② 我告诉你一件事儿。
Wǒ gàosu nǐ yí jiàn shìr.

③ 你知道明天是情人节吗?
Nǐ zhīdào míngtiān shì Qíngrén Jié ma?

④ 我要送你妈妈一束玫瑰花。
Wǒ yào sòng nǐ māma yí shù méiguihuā.

A 什么事儿?
Shénme shìr?

B 可以。来，给你。
Kěyǐ. Lái, gěi nǐ.

C 你太浪漫了!
Nǐ tài làngmàn le!

D 当然知道。
Dāngrán zhīdào.

4 주어진 한어병음과 한자를 참고하여 빈칸에 알맞게 쓰고, 문장 전체의 뜻을 써 보세요.

① Wǒ xià xīngqī huán nǐ, xíng ma?

| 我 | 下 | 星 | 期 | 还 | 你 | , | | ? |

뜻: _____?

② Kěyǐ jiè wǒ yì běn ma?

| | | | 我 | 一 | 本 | 吗 | ? |

뜻: _____?

③ 我们学校的校花追我。

Wǒmen xuéxiào de _____ wǒ.

뜻: _____.

④ 我要送你妈妈一束玫瑰花。

Wǒ _____ yí shù méiguihuā.

뜻: _____.

발음·성조 클리닉

an, ian, iang 발음을 연습해 보세요. 08-06

Step 1 기본 연습

an
can
pan
shan

ian
jian
tian
yan

iang
xiang
qiang
yang

Step 2 확장 연습

an
chǎnliàng
kànjiàn
ānxiáng

ian
jiànmiàn
miàntán
yǎnjiǎng

iang
qiǎngdiǎn
xiāngliàn
liǎngnián

Step 3 잰말놀이 연습

Niúláng liàn Liúniáng, Liúniáng niàn Niúláng.

Niúláng niánnián liàn Liúniáng,

Liúniáng niánnián niàn Niúláng.

Láng liàn niáng lái niáng niàn láng.

간체자와 친해지기

✏️ 획순을 참고해서 간체자를 따라 써 보세요.

告 gào
丿 ⺧ 屮 牛 牛 告 告

诉 sù
丶 讠 讠 讠 诉 诉 诉

花 huā
一 十 艹 艹 艿 花 花

道 dào
丶 丷 䒑 䒑 艹 首 首 首 首 道 道

束 shù
一 ﬁ 币 ﬁ 束 束 束

送 sòng
丶 丷 䒑 䒑 关 关 送 送

借 jiè
丿 亻 亻 亻 借 借 借 借 借

知 zhī
丿 ⺧ 乍 午 矢 知 知 知

08 我送你一束玫瑰花。

중국문화 속으로 풍덩

중국인의 식사 예절 ②

식사 중의 사소한 에티켓

요리가 나오면 각자 개인 접시에 덜어 먹는데, 이때 개인의 수저가 아닌 요리 접시에 놓인 수저를 사용해야 한다. 부득이 자신의 젓가락을 사용해 음식을 집어야 할 경우에는 음식을 집어 바로 입으로 가져가지 않고 개인 접시에 먼저 놓았다가 먹는 것이 예의이다. 또 멀리 있는 음식을 팔을 뻗어 집어오는 것도 실례가 되니 주의해야 하고, 생선 가시는 손으로 받아 접시에 놓거나 냅킨에 뱉어 싸 놓도록 한다.

그리고 다른 사람이 이야기를 할 때는 절대로 혼자서 게걸스럽게 음식을 먹거나 술잔을 홀짝홀짝 비우는 행동을 하지 않는다. 식사 자리에서 트림하는 것은 실례가 되며, 만약 재채기를 했을 경우에는 바로 '对不起。Duìbuqǐ. 죄송합니다.', '真不好意思。Zhēn bù hǎoyìsi. 실례합니다.'와 같은 인사말을 건넨다. 이쑤시개를 사용할 경우에는 냅킨이나 손으로 가리고 사용한다.

밥은 젓가락으로

탕을 제외한 모든 음식은 젓가락을 사용해 먹는다. 밥을 먹을 때는 밥그릇을 들어 입에 가까이 대고 젓가락으로 먹어야 한다. 혹시라도 밥을 먹다가 밥그릇에 젓가락을 꽂아 놓아선 안 되는데, 이는 제사상의 향을 연상시키기 때문이다. 또한 젓가락으로 사람을 가리켜서도 안 되며, 젓가락으로 밥그릇을 두드려서도 안 된다. 젓가락으로 밥그릇을 두드리는 행동은 '오늘 왜 이렇게 먹을 게 없어요!' 하고 시위하는 것과 같은 의미이기 때문이다.

식사 마무리하기

주식과 과일까지 맛있게 다 먹은 후에는 '我吃饱了。Wǒ chībǎo le. 배가 부르네요.'라는 인사와 함께 주인에게 잘 먹었다는 감사의 마음을 표한다. 주인은 손님들을 먼저 배웅한 후 식당을 떠나는 것으로 식사 자리를 마무리한다.

09

我会游泳。
Wǒ huì yóuyǒng.

나는 수영을 할 수 있어요.

학습 포인트

- 조동사 '会'와 '能'의 차이점 알기
- '怕'의 용법 익히기
- 선택의문문 익히기
- '对'의 용법 정리하기

 나의 회화 수첩

상황 1 물이 무서워~ 🎧 09-01

青青 **你会游泳吗?**
Nǐ huì yóuyǒng ma?

乐天 **我会游泳，你呢?**
Wǒ huì yóuyǒng, nǐ ne?

青青 **我不会游泳，我怕水。**
Wǒ bú huì yóuyǒng, wǒ pà shuǐ.

会 huì 조동 ~할 수 있다, ~할 것이다 | 游泳 yóuyǒng 동 수영하다, 명 수영 | 怕 pà 동 무서워하다 | 水 shuǐ 명 물

상황 2 설 자리를 잃어가는 애연가들 🎧 09-02

李总 **这儿可以抽烟吗?**
Zhèr kěyǐ chōuyān ma?

金泰山 **这儿不能抽烟。**
Zhèr bù néng chōuyān.

李总 **这儿抽烟要罚款吧?**
Zhèr chōuyān yào fákuǎn ba?

金泰山 **对，要罚很多。**
Duì, yào fá hěn duō.

抽烟 chōuyān 동 담배를 피우다 | 能 néng 조동 ~할 수 있다 | 罚款 fákuǎn 동 벌금을 부과하다

 겨울엔 스키가 좋아! 09-03

民俊 你喜欢夏天还是冬天?
Nǐ xǐhuan xiàtiān háishi dōngtiān?

松怡 我喜欢夏天,你呢?
Wǒ xǐhuan xiàtiān, nǐ ne?

民俊 我喜欢冬天,冬天可以去滑雪。
Wǒ xǐhuan dōngtiān, dōngtiān kěyǐ qù huáxuě.

松怡 滑雪是你的爱好吗?
Huáxuě shì nǐ de àihào ma?

民俊 对。你的爱好是什么?
Duì. Nǐ de àihào shì shénme?

松怡 我的爱好是画画。
Wǒ de àihào shì huàhuà.

夏天 xiàtiān 명 여름 | 还是 háishi 접 또는, 아니면 | 冬天 dōngtiān 명 겨울 ▶春天 chūntiān 봄, 秋天 qiūtiān 가을 | 滑雪 huáxuě 동 스키를 타다, 명 스키 | 爱好 àihào 명 취미 | 画画 huàhuà 동 그림을 그리다

어법 노하우 대 공개

■ 조동사 (2)

• '会'와 '能'

능력, 가능을 나타내는 조동사로, '会'는 학습을 통해 능력을 갖추었음을 나타내고, '能'은 환경이나 조건이 갖추어져 가능함을 나타낸다는 차이가 있다.

会	~할 수 있다 [학습 능력]	(긍정)	他会游泳。 그는 수영을 할 줄 알아요. Tā huì yóuyǒng.
		(부정)	他不会游泳。 그는 수영을 못해요. Tā bú huì yóuyǒng.
	~할 것이다 [가능성]	(긍정)	她会来这儿。 그녀는 여기에 올 거야. Tā huì lái zhèr.
		(부정)	今天不会下雪。 오늘 눈이 안 올 거야. Jīntiān bú huì xià xuě.
	~을/를 잘하다 [능숙하다]		哥哥很会说话。 오빠는 말을 참 잘해요. Gēge hěn huì shuōhuà.
能	~할 수 있다 [능력]	(긍정)	我能看中文杂志。 나는 중문 잡지를 읽을 수 있어요. Wǒ néng kàn Zhōngwén zázhì.
		(부정)	我不能看中文杂志。 나는 중문 잡지를 읽을 수 없어요. Wǒ bù néng kàn Zhōngwén zázhì.
	~할 수 있다 [환경, 조건]	(긍정)	你能在这里上学。 너는 여기에서 학교 다닐 수 있어. Nǐ néng zài zhèli shàngxué.
		(부정)	你不能在这里上学。 너는 여기에서 학교 다닐 수 없어. Nǐ bù néng zài zhèli shàngxué.
	~에 능하다 [일정 수준에 도달]		他很能吃。 그는 아주 잘 먹어요. Tā hěn néng chī.

■ 동사 '怕'

'怕'는 '두려워하다', '무서워하다'라는 뜻을 가지고 있다.

老鼠怕猫。 쥐는 고양이를 무서워해요.
Lǎoshǔ pà māo.

我们都怕金老师。 우리는 모두 김 선생님을 무서워해요.
Wǒmen dōu pà Jīn lǎoshī.

'더위 혹은 추위를 타다'라는 뜻이 있다. 단 '봄이나 가을을 타다'라는 뜻은 없다.

我特别怕冷。 나는 추위를 엄청 타요.
Wǒ tèbié pà lěng.

他不怕热。 그는 더위를 타지 않아요.
Tā bú pà rè.

■ 선택의문문

접속사 '还是'를 써서 두 가지 선택 사항을 제시한 후 그 중 하나의 답안을 고르게 하는 의문문을 선택의문문이라 한다.

A 这本书是你的还是他的？ 이 책은 당신 것입니까, 아니면 그의 것입니까?
　Zhè běn shū shì nǐ de háishi tā de?

B 这本书是我的。 이 책은 제 것입니다.
　Zhè běn shū shì wǒ de.

A 你喝茶还是喝咖啡？ 차 마실래요, 아니면 커피 마실래요?
　Nǐ hē chá háishi hē kāfēi?

B 我喝咖啡。 커피 마실게요.
　Wǒ hē kāfēi.

A 你来还是你弟弟来？ 네가 올 거니, 아니면 네 동생이 올 거니?
　Nǐ lái háishi nǐ dìdi lái?

B 我弟弟来。 제 동생이 올 거예요.
　Wǒ dìdi lái.

■ '对'의 용법

'对'의 용법은 매우 다양하다. 형용사, 개사, 양사, 동사로 쓰일 때 각각 어떤 뜻을 가지고 있는지 정리해 보자.

- **형용사** : 맞다, 옳다
　对，我也吃。 Duì, wǒ yě chī. 네, 저도 먹을 거예요.

- **개사** : ~에게, ~을 향해, ~에 대해
　他对别人很好。 Tā duì biérén hěn hǎo. 그는 다른 사람에게 잘해 준다.

- **양사** : 짝, 쌍
　你们俩是天生一对儿。 Nǐmen liǎ shì tiānshēng yí duìr. 너희 둘은 천생의 짝이구나.

- **동사** : 대응하다, 향하다
　对事不对人。 Duì shì bú duì rén. 일에 대해 논하고, 사람에 대해서는 논하지 않는다.
　枪口对着我。 Qiāngkǒu duìzhe wǒ. 총구가 나를 향해 있다.

새 단어

下雪 xià xuě 동 눈이 내리다 | 上学 shàngxué 동 등교하다 | 冷 lěng 형 춥다 | 热 rè 형 덥다 | 别人 biérén 대 다른 사람
俩 liǎ 수 두 사람 | 天生 tiānshēng 형 천생의 | 枪口 qiāngkǒu 명 총구 | 着 zhe 조 ~해 있다

 숨겨 둔 문장 실력

▶ 바꿔서 말해 보고, 이를 활용해 대화를 나눠 보세요. 09-04

하나 我会<u>游泳</u>。
　　　　打篮球
　　　　踢足球
　　　　滑雪

打篮球 dǎ lánqiú 농구를 하다 ｜ 踢足球 tī zúqiú 축구를 하다 ｜ 滑雪 huáxuě 스키를 타다

실력 Up!

A 你会<u>游泳</u>吗?
B 我会<u>游泳</u>。

둘 这儿不能<u>抽烟</u>。
　　　　喝酒
　　　　带宠物
　　　　大声说话

喝酒 hē jiǔ 술을 마시다 ｜ 带宠物 dài chǒngwù 애완동물을 데려가다 ｜ 大声说话 dàshēng shuōhuà 큰 소리로 이야기하다

A 这儿可以<u>抽烟</u>吗?
B 这儿不能<u>抽烟</u>。

셋 我的爱好是<u>画画</u>。
　　　　看书
　　　　爬山
　　　　跳舞

看书 kàn shū 책을 보다 ｜ 爬山 pá shān 등산하다 ｜ 跳舞 tiàowǔ 춤을 추다

A 你的爱好是什么?
B 我的爱好是<u>画画</u>。

단어 플러스

여러 가지 취미

看电影 kàn diànyǐng 영화를 보다 ｜ 唱歌 chànggē 노래하다 ｜ 听音乐 tīng yīnyuè 음악을 듣다 ｜ 逛街 guàngjiē 쇼핑하다 ｜ 养花 yǎng huā 화초를 가꾸다 ｜ 书法 shūfǎ 서예 ｜ 钓鱼 diào yú 낚시하다 ｜ 下棋 xià qí 바둑을 두다

나만의 복습 다이어리

지난 과에 이어 이번 과도 조동사의 연장이구나~ 오늘은 비슷한 듯 다른 조동사 '会 huì'와 '能 néng'에 대해서 배웠어. 두 조동사의 가장 큰 차이점은 '会'는 학습을 통해 할 수 있는 것을 말하고, '能'은 능력이나 환경적으로 할 수 있음을 표현한다는 것. 예문을 들어 볼까?

내가 수영을 배워서 할 수 있으면　　我会游泳。Wǒ huì yóuyǒng.

내일 내가 갈 수 있는 상황이라면 　明天我能去。Míngtiān wǒ néng qù.

수업 시간엔 아리송한 것도 복습을 하다 보면 확실히 정리가 된다니까!
오늘 '怕 pà'라는 동사도 배웠지. 원래는 '무서워하다'라는 뜻이지만, 더위(热 rè)나 추위(冷 lěng)를 탄다고 할 때 이 동사를 쓰면 된대. 근데 주의할 것은 '봄을 탄다' 혹은 '가을 탄다'라고 할 때는 쓸 수 없다는 것. 혹시 한국인들만 봄(春天 chūntiān), 가을(秋天 qiūtiān)을 타는 거야??

그리고 새로운 형태의 의문문인 선택의문문을 배웠는데, 말 그대로 선택 사항을 던져 주고 선택을 요구하는 의문문이야. '또는', '아니면'의 뜻을 가진 접속사 还是 háishi 를 써서 만들 수 있는데, 조심 또 조심할 것은 절대로 '还是' 대신 '或者'를 쓸 수 없다는 거지. 왜냐하면 '或者'는 의문문에 쓸 수 없다고 배웠었잖아. 그럼 예문 하나 만들어 볼까나?

네가 갈래, 아니면 내가 갈까?　　你去还是我去? Nǐ qù háishi wǒ qù?

아오~ 정말! 왕초보인 내가 처음부터 이렇게 훌륭해도 되는 거 맞아??

즉문즉답

Q 선생님, 조동사가 들어간 문장을 정반의문문으로 만들 때 동사를 반복해도 되나요?

A 안됩니다. 조동사를 반복해야합니다.

조동사는 주어의 생각, 의지, 바람, 능력 등을 나타내는 도우미 동사이지요. 조동사가 들어간 문장을 정반의문문으로 만들 때는 조동사를 반복해 주는 것이 맞습니다.

你能去不去? (X) → 你能不能去? (O) 너 갈 수 있어?
　　　　　　　　　 Nǐ néng bu néng qù?

차근차근 실력 확인

1 잘 듣고 그림과 녹음 내용이 일치하면 O표, 일치하지 않으면 X표를 해 보세요. 🎧 09-05

❶ (   )   ❷ (   )

❸ (   )   ❹ (   )

2 주어진 뜻에 해당하는 단어를 찾아 빈칸에 써 보세요.

画画	还是	抽烟
滑雪	怕	爱好
冬天	夏天	游泳

❶ ~아니면 _____   ❷ 스키 타다 _____   ❸ 겨울 _____

❹ 무서워하다 _____   ❺ 그림 그리다 _____   ❻ 취미 _____

❼ 수영하다 _____   ❽ 담배 피우다 _____   ❾ 여름 _____

3 대화가 완성될 수 있도록 문장을 알맞게 연결해 보세요.

❶ 你会游泳吗? 　　　　　　　　　A 滑雪。
　 Nǐ huì yóuyǒng ma? 　　　　　　　　Huáxuě.

❷ 你的爱好是什么? 　　　　　　　B 这儿不能抽烟。
　 Nǐ de àihào shì shénme? 　　　　　　Zhèr bù néng chōuyān.

❸ 这儿可以抽烟吗? 　　　　　　　C 我会游泳。
　 Zhèr kěyǐ chōuyān ma? 　　　　　　 Wǒ huì yóuyǒng.

❹ 我喜欢夏天，你呢? 　　　　　　D 我喜欢冬天。
　 Wǒ xǐhuan xiàtiān, nǐ ne? 　　　　　 Wǒ xǐhuan dōngtiān.

4 주어진 한어병음과 한자를 참고하여 빈칸에 알맞게 쓰고, 문장 전체의 뜻을 써 보세요.

❶ Wǒ bú huì yóuyǒng, wǒ pà shuǐ.

| 我 | | 游 | 泳 | , | 我 | 怕 | 水 | 。 |

뜻: _____.

❷ Nǐ xǐhuan xiàtiān háishi dōngtiān?

| 你 | 喜 | 欢 | 夏 | 天 | | 冬 | 天 | ? |

뜻: _____?

❸ 这儿抽烟要罚款吧?

Zhèr chōuyān _____ ba?

뜻: _____?

❹ 滑雪是你的爱好吗?

Huáxuě shì _____ ma?

뜻: _____?

발음·성조 클리닉

📄 en, eng, uen 발음을 연습해 보세요. 🎧 09-06

Step 1 기본 연습

en
hen
chen
zhen

eng
deng
neng
sheng

uen
tun
zhun
wen

Step 2 확장 연습

en
běnwén
chénfēng
zhēnzhèng

eng
děngfēn
shēngrèn
ménghùn

uen
lùnzhèng
rùnshēn
wénrén

Step 3 잰말놀이 연습

Chénzhuāng chéngzhuāng dōu yǒu chéng,
chénzhuāngchéng tōng chéngzhuāngchéng.
Chénzhuāngchéng hé chéngzhuāngchéng,
liǎng zhuāng chéngqiáng dōu yǒu mén.

간체자와 친해지기

✏️ 획순을 참고해서 간체자를 따라 써 보세요.

会 huì
丿 人 𠆢 스 会 会

水 shuǐ
亅 刀 水 水

泳 yǒng
丶 丶 氵 汀 泂 泳 泳

能 néng
厶 厶 个 台 台 育 能 能 能

怕 pà
丶 丶 忄 忄 怕 怕 怕

冬 dōng
丿 夂 夂 冬 冬

夏 xià
一 丆 丆 亓 百 百 頁 夏 夏

画 huà
一 丆 丌 币 币 田 画 画

중국문화 속으로 풍덩

중국의 결혼식 풍경

오늘은 중국의 결혼식장을 살짝 들여다보자.
샤방샤방~ 블링블링~ 역시나 세상에서 가장 아름다운 여인은 결혼을 맞이한 신부가 아닐까 싶다. 요즘에는 한류의 영향으로 중국의 신부 화장도 한국식 신부 화장을 따르는 것이 유행이라고 한다.

중국에서는 결혼식을 올리기 전에 혼인 신고를 먼저 해야 한다는데, 그게 사실이냐고? 그렇다! 중국에서는 혼인 신고(结婚登记 jiéhūn dēngjì)를 마쳐야 결혼식을 올릴 수 있다. 결혼증서(结婚证 jiéhūnzhèng)를 받은 신랑 신부는 좋은 날을 잡아 결혼식을 올리는데 결혼식 풍경이 우리와는 사뭇 다르다.

중국의 결혼식에서는 보통 주례 선생님 없이 사회자 홀로 진행을 하는데, 결혼식 분위기를 띄우기 위해 몸값이 높은 전문 사회자를 초청하기도 한다. 그리고 신랑(新郎 xīnláng)과 신부(新娘 xīnniáng)의 친구 중에서 각각 한 명씩 뽑아 들러리(伴朗 bànláng, 伴娘 bànniáng)를 세우는 것도 색다르다.

예식이 중반에 이를 무렵 신랑과 신부가 흥겨운 음악에 맞춰 춤을 추기 시작하면 하객들도 같이 어우러져 춤을 추는데 그 모습이 낯설면서도 매우 재미있다.

예식장은 온통 빨간색 일색이다. 예식장 인테리어, 청첩장(喜帖 xǐtiě), 축의금 봉투(红包 hóngbāo)는 물론이고 하객들을 접대할 때 쓰는 사탕(喜糖 xǐtáng), 술(喜酒 xǐjiǔ), 담배(喜烟 xǐyān)까지 모두 빨간색 포장지로 예쁘게 포장되어 있다. 중국인들의 빨간색 사랑은 예식이 끝난 후에도 계속되는데, 신혼부부가 사는 집에는 '희(喜)'자를 붙여 신혼집임을 알리고 신혼집의 인테리어 또한 빨간색이 꼭 들어가도록 한다.

결혼식을 올린 신랑·신부님, 백년해로(白头偕老 báitóuxiélǎo)하세요!

10

我见了高中同学。
Wǒ jiànle gāozhōng tóngxué.

고등학교 동창을 만났어요.

학습 포인트

- 어기조사 '了' 용법 (1): 이미 일어난 일 표현
- 동태조사 '了' 용법: 동작의 완료 표현
- '了'의 부정문과 의문문
- '一边……, 一边……'의 형식 활용하기

# 나의 회화 수첩

 상황 1 송이는 어디에? 🎧 10-01

民 俊 **阿姨，松怡在家吗？**
Āyí, Sōngyí zài jiā ma?

张金喜 **松怡不在家，她去姥姥家了。**
Sōngyí bú zài jiā, tā qù lǎolao jiā le.

民 俊 **是吗？那我再打她手机吧。**
Shì ma? Nà wǒ zài dǎ tā shǒujī ba.

阿姨 āyí 명 아주머니 | 姥姥 lǎolao 명 외할머니 ▶姥爷 lǎoye 외할아버지 | 了 le 조 문장 끝에 쓰여 어떤 일이 이미 발생하였음을 나타냄 | 再 zài 부 다시

 상황 2 놀이공원으로 Go~Go~ 10-02

青 青 **你吃早饭了没有？**
Nǐ chī zǎofàn le méiyou?

乐 天 **已经吃了。**
Yǐjīng chī le.

青 青 **那我们现在去游乐园吗？**
Nà wǒmen xiànzài qù yóulèyuán ma?

乐 天 **好的。现在就去吧。**
Hǎo de. Xiànzài jiù qù ba.

早饭 zǎofàn 명 아침밥 ▶午饭 wǔfàn 점심밥, 晚饭 wǎnfàn 저녁밥, 盒饭 héfàn 도시락 | 已经 yǐjīng 부 이미 | 游乐园 yóulèyuán 명 놀이공원

 친구들과의 만남은 언제나 즐거워! 🎧 10-03

民俊 **你刚才去哪儿了？**
Nǐ gāngcái qù nǎr le?

松怡 **我去见朋友了。**
Wǒ qù jiàn péngyou le.

民俊 **你见了什么时候的朋友？**
Nǐ jiànle shénme shíhou de péngyou?

松怡 **我见了几个高中同学。**
Wǒ jiànle jǐ ge gāozhōng tóngxué.

民俊 **你们做什么了？**
Nǐmen zuò shénme le?

松怡 **我们一边吃饭，一边聊天，特别开心。**
Wǒmen yìbiān chīfàn, yìbiān liáotiān, tèbié kāixīn.

刚才 gāngcái 몡 지금 막, 방금 | **见** jiàn 동 만나다 | **了** le 조 동사 뒤에 쓰여 어떤 동작이 완료됨을 나타냄 | **高中** gāozhōng 몡 고등학교 | **同学** tóngxué 몡 동창생, 학우 | **一边……, 一边……** yìbiān……, yìbiān…… ~하면서 ~하다 | **吃饭** chīfàn 동 밥을 먹다 | **聊天** liáotiān 동 한담하다 | **特别** tèbié 부 특별히, 아주 | **开心** kāixīn 형 즐겁다, 유쾌하다

10 我见了高中同学。 119

어법 노하우 대 공개

■ 어기조사 '了' 용법 (1)

'了'는 문장 끝에 쓰여 어떤 일이 이미 일어났음을 나타낸다. 문장에 과거를 나타내는 시간명사나 시간부사가 자주 동반된다.

姐姐已经去学校了。　언니는 이미 학교에 갔어요.
Jiějie yǐjīng qù xuéxiào le.

我昨晚看足球比赛了。　나는 어젯밤에 축구 경기를 봤어요.
Wǒ zuówǎn kàn zúqiú bǐsài le.

■ 동태조사 '了' 용법

'了'는 동사 뒤에 쓰여 어떤 동작이 완료되었음을 나타낸다. 이때 '了'는 시제와는 상관없이 한 동작을 마쳤다는 것에 중점을 두며 '동사+了+목적어' 구조에서 목적어에 관형어 또는 보어를 동반한다.

她买了中国地图。　그녀는 중국 지도를 샀어요. (中国: 관형어)
Tā mǎile Zhōngguó dìtú.

周末我见了三个朋友。　주말에 나는 세 명의 친구를 만났어요. (三个: 수량관형어)
Zhōumò wǒ jiànle sān ge péngyou.

他学了一年汉语。　그는 중국어를 1년 동안 배웠어요. (一年: 시간보어)
Tā xuéle yì nián Hànyǔ.

이합사에 '了'를 쓸 때는 반드시 이합사의 동사 뒤에 쓴다.

我下了班就去。　퇴근하고 바로 갈게요. (下班: 이합사)
Wǒ xiàle bān jiù qù.

■ '了'의 부정문과 의문문

① 부정문

'了'는 어떤 동작이 발생했거나 완료되었음을 나타내기 때문에 부정문을 만들 때는 동사 앞에 '没(有)'를 붙이고, 동사나 문장 끝에 '了'를 붙이지 않는다.

- 没(有) + 동사 : ~하지 않았다/못했다
  我没有吃晚饭。　저는 저녁을 안 먹었어요./못 먹었어요.
  Wǒ méiyou chī wǎnfàn.

- 还没(有)……呢 : 아직 ~하지 않았다.
  他还没去公司呢。　그는 아직 회사에 가지 않았어요.
  Tā hái méi qù gōngsī ne.

② 의문문

문장 끝에 '了吗?' 혹은 '……了没有?'를 붙여 의문문을 만든다.

- ……了吗? : ~했나요?

  A 你给他打电话**了吗**? 그에게 전화했나요?
  Nǐ gěi tā dǎ diànhuà le ma?

  B-1 打了。 전화했어요.
  Dǎle.

  B-2 没有打。 안 했어요./못 했어요.
  Méiyou dǎ.

  B-3 还没打呢。 아직 안 했어요./못 했어요.
  Hái méi dǎ ne.

- ……了没有? / 了……没有? : ~했나요 안 했나요?

  A 你买电影票**了没有**? 영화표를 샀나요?
  Nǐ mǎi diànyǐngpiào le méiyou?

  = 你买**了**电影票**没有**?
  Nǐ mǎile diànyǐngpiào méiyou?

  B-1 买了。 샀어요.
  Mǎile.

  B-2 没有买。 안 샀어요./못 샀어요.
  Méiyou mǎi.

  B-3 还没买呢。 아직 안 샀어요./못 샀어요.
  Hái méi mǎi ne.

■ '了'의 주의사항

습관적이고 반복적인 동작에는 문장 끝이나 동사 뒤에 모두 '了'를 쓰지 않는다. 이 경우는 문장에 '每', '总是', '经常', '常常' 등의 부사가 동반된다.

他**经常**去朋友家玩儿。 그는 자주 친구 집에 놀러 가요.
Tā jīngcháng qù péngyou jiā wánr.

我**每天**都看网络电视剧。 나는 매일 웹드라마를 봐요.
Wǒ měitiān dōu kàn wǎngluò diànshìjù.

■ 一边……, 一边……

병렬 복문 형식으로 두 가지 동작이 동시에 진행됨을 나타낸다. '一边' 뒤에는 조동사가 올 수 없고, 주로 2음절 동사를 동반한다. 1음절 동사가 올 경우 '一'를 생략하고 '边A边B' 형식으로 쓴다.

妈妈**一边**喝茶，**一边**看书。 엄마는 차를 마시면서 책을 읽어요.
Māma yìbiān hē chá, yìbiān kàn shū.

새 단어

昨晚 zuówǎn 명 어젯밤 | 足球 zúqiú 명 축구 | 比赛 bǐsài 명 경기, 시합 | 电影票 diànyǐngpiào 명 영화표 | 经常 jīngcháng 부 늘, 항상, 자주 | 网络 wǎngluò 명 웹 | 电视剧 diànshìjù 명 드라마

숨겨 둔 문장 실력

▶ 바꿔서 말해 보고, 이를 활용해 대화를 나눠 보세요. 🎧 10-04

하나 她去姥姥家了。
　　　　学校
　　　　百货商店
　　　　补习班

学校 xuéxiào 학교 | 百货商店 bǎihuò shāngdiàn 백화점 | 补习班 bǔxíbān 학원

실력 UP!
A 松怡在家吗?
B 她去姥姥家了。

둘 你吃早饭了没有?
　　　　做作业
　　　　买机票
　　　　看电影

做作业 zuò zuòyè 숙제를 하다 | 买机票 mǎi jīpiào 비행기 표를 사다 | 看电影 kàn diànyǐng 영화를 보다

A 你吃早饭了没有?
B 已经吃了。

셋 我们一边吃饭, 一边聊天。
　　　　看书　　　听音乐
　　　　唱歌　　　跳舞
　　　　学习　　　讨论

看书 kàn shū 책을 보다 | 听音乐 tīng yīnyuè 음악을 듣다 | 唱歌 chàng gē 노래하다 | 跳舞 tiàowǔ 춤을 추다 | 学习 xuéxí 공부하다 | 讨论 tǎolùn 토론하다

A 你们做什么了?
B 我们一边吃饭,
　一边聊天。

단어 플러스

학교 명칭
幼儿园 yòu'éryuán 유치원 | 小学 xiǎoxué 초등학교 | 初中 chūzhōng 중학교 | 高中 gāozhōng 고등학교 | 大学 dàxué 대학교 | 研究生院 yánjiūshēngyuàn 대학원

나만의 복습 다이어리

오늘 드디어 그 어렵다고 소문난 '了 le'를 배웠어. 그런데 선생님께서 설명을 쉽게 해 주셔서 그런지 별로 어렵게 느껴지지는 않더라고.
'了'에는 두 가지 용법이 있는데, 하나는 문장 끝에서 '어떤 일이 일어났다'고 말하는 것이고
또 하나는 동사 뒤에서 '어떤 동작이 완료됐다'고 말하는 거야. 예문을 통해 정리해 볼까?

(일의 발생) '그녀는 친구 집에 갔어.'라고 할 때는   她去朋友家了。Tā qù péngyou jiā le.

(동작의 완료) '그녀는 두 명의 친구를 만났어.'라고 할 때는   她见了两个朋友。Tā jiànle liǎng ge péngyou.

'了'가 들어가는 문장을 정반의문문으로 바꿀 때는 '了不了'가 아니고 '了没有? le méiyou?'라고 해야 해.
수업 시간에 아무 생각 없이 '了不了'라고 했다가 얼마나 민망하던지……
한 가지 더 조심할 것! 습관적인 일에는 '了'를 쓰지 않는대.
예를 들어 '나는 매일 TV를 본다'는 '了'를 쓰지 않고 '我每天看电视。Wǒ měitiān kàn diànshì.'라고
하면 돼. '每', '经常', '常常' 등의 부사가 있는 문장들은 주의하자.

그리고 두 가지 동작을 동시에 할 경우 '一边+동작, 一边+동작' 형식으로 말하면 돼. 예를 들어

'밥 먹으면서 얘기한다.'라고 할 때는
一边吃饭，一边聊天。Yìbiān chīfàn, yìbiān liáotiān.

'了'의 용법을 배우고 나니까 뭔가 굉장히 뿌듯해지는 거 있지! 내일 되면 또 뒤죽박죽 섞이고
헷갈리겠지만 그래도 씨줄과 날줄처럼 내 중국어 실력이 촘촘히 짜여가는 느낌이랄까? 좋아 좋아~~

즉문즉답

Q 선생님, 과거를 나타낼 때는 모두 '了'를 붙여주면 되나요?

A 아닙니다. 과거에 생긴 일이라고 해서 무조건 '了'를 붙이면 안 됩니다.

과거에 일어난 일이라 해도 자주 발생하거나 습관적으로 일어난 일에는 '了'를 붙이지 않습니다.
습관적이고 반복적인 일은 부사 '每 měi', '总是 zǒngshì', '经常 jīngcháng', '常常 chángcháng'
등으로 나타냅니다.

我去年常常去中国。Wǒ qùnián chángcháng qù Zhōngguó. 난 작년에 자주 중국에 갔어요.

차근차근 실력 확인

1 잘 듣고 그림과 녹음 내용이 일치하면 O표, 일치하지 않으면 X표를 해 보세요. 🎧10-05

❶

(   )

❷

(   )

❸

(   )

❹

(   )

2 주어진 뜻에 해당하는 단어를 찾아 빈칸에 써 보세요.

姥姥	聊天	游乐园
早饭	手机	高中
已经	再	开心

❶ 놀이공원 _____   ❷ 한담하다 _____   ❸ 이미 _____

❹ 고등학교 _____   ❺ 외할머니 _____   ❻ 다시 _____

❼ 아침밥 _____   ❽ 휴대전화 _____   ❾ 즐겁다 _____

3 대화가 완성될 수 있도록 문장을 알맞게 연결해 보세요.

① 你吃早饭了没有?
Nǐ chī zǎofàn le méiyou?

② 松怡在家吗?
Sōngyí zài jiā ma?

③ 你们做什么了?
Nǐmen zuò shénme le?

④ 你刚才去哪儿了?
Nǐ gāngcái qù nǎr le?

A 她去姥姥家了。
Tā qù lǎolao jiā le.

B 我去见朋友了。
Wǒ qù jiàn péngyou le.

C 已经吃了。
Yǐjīng chī le.

D 我们一边吃饭，一边聊天。
Wǒmen yìbiān chīfàn, yìbiān liáotiān.

4 주어진 한어병음과 한자를 참고하여 빈칸에 알맞게 쓰고, 문장 전체의 뜻을 써 보세요.

① Wǒmen xiànzài qù yóulèyuán ma?

| 我 | 们 | | | 游 | 乐 | 园 | 吗 | ? |

뜻: _____?

② Nà wǒ zài dǎ tā shǒujī ba.

| 那 | 我 | | 她 | 手 | 机 | 吧 | 。 |

뜻: _____.

③ 她去姥姥家了。

Tā qù _____ le.

뜻: _____.

④ 我见了几个高中同学。

Wǒ _____ gāozhōng tóngxué.

뜻: _____.

10 我见了高中同学。

발음·성조 클리닉

📋 격음부호가 있는 단어의 발음을 연습해 보세요. 🎧 10-06

'a, o, e'로 시작하는 음절이 다른 음절의 뒤에 올 경우, 음절 간의 경계를 분명하게 해 주기 위해 격음부호 ' ' '를 써줍니다.

 두 번째 음절이 'a'로 시작되는 단어

fāng'àn (方案)   Xī'ān (西安)   kù'ài (酷爱)
dá'àn (答案)   mián'ǎo (棉袄) yīn'àn (阴暗)
wǎn'ān (晚安)   ēn'ài (恩爱)   Tiān'ānmén (天安门)

 두 번째 음절이 'o'로 시작되는 단어

shēng'ǒu (生藕) pèi'ǒu (配偶)   hǎi'ōu (海鸥)
zuò'ǒu (作呕)   Běi'ōu (北欧)   dòu'ōu (斗殴)
chá'ōu (茶瓯)   wú'ōu (吴讴)   fú'òu (浮沤)

 두 번째 음절이 'e'로 시작되는 단어

yú'é (余额)   wēi'é (巍峨)   cì'ěr (刺耳)
cóng'ér (从而) chǒu'è (丑恶)   Bō'ēn (波恩)
tiān'é (天鹅)   jī'è (饥饿)   cháng'é (嫦娥)

간체자와 친해지기

✏️ 획순을 참고해서 간체자를 따라 써 보세요.

姥 lǎo
㇄ 女 女 女 女 妡 姥 姥 姥

再 zài
一 ㄒ ㄒ 冂 丙 再 再

手 shǒu
一 二 三 手

机 jī
一 十 才 木 机 机

打 dǎ
一 十 扌 扩 打

做 zuò
丿 亻 亻 什 什 估 估 借 做 做

早 zǎo
丨 冂 日 日 旦 早

饭 fàn
丿 冫 饣 饣 饣 饭 饭

중국문화 속으로 풍덩

중국인, 제대로 알자!

중국인을 한마디로 표현하기는 정말 힘들다.
56개 민족의 특성을 하나로 묶어 말할 수도 없겠거니와 남방 지역 사람들과 북방 지역 사람들의 특징을 한마디로 평가하기도 힘들다. 다만 필자와 개인적인 친분이 있거나 같이 일했던 사람들의 특성을 바탕으로 이들의 기질을 정리해 본다면, 우공이산(愚公移山 Yúgōngyíshān)이라는 성어와 중국의 속담인 '군자가 복수를 함에 있어서 세월이 늦어지는 것은 문제가 되지 않는다.(君子报仇，十年不晚。Jūnzǐ bàochóu, shí nián bù wǎn.)'가 그들을 가장 잘 대변해 주는 것 같다는 생각이다.

필자가 중국인들과 일하면서 느낀 점은 그들에게는 대륙적인 호방함과 느긋함이 있다는 것이다. 집 앞의 산을 옮기기 위해 흙을 한 삽 한 삽 퍼냈던 우공(愚公)의 자손답게, 그리고 복수를 위해 10년의 세월을 기다리는 군자처럼 말이다.

그들은 협상 테이블에서도 결코 조급함을 드러내지 않는다. 중국인들은 포커페이스(poker face)에 능하다는 말도 있듯이 중국인과 협상을 해 보면 그들은 절대로 쉽게 감정을 표출하는 일이 없음을 알게 된다. 중국인들이 비즈니스를 할 때 자주 쓰는 말 중에 '买卖不成情义在。Mǎimài bù chéng qíngyì zài.'라는 말이 있는데, 이는 '거래는 성사되지 않더라도 쌍방 간의 좋은 감정은 남기자.'라는 뜻으로, 중국인들의 비즈니스 마인드가 고스란히 담겨 있다고 할 수 있다. 즉 그들은 비즈니스를 할 때는 비즈니스와 인간관계를 철저히 분리하지만, 비즈니스가 성사되지 않았다 해도 다음을 위해 인간관계는 계속 유지하자고 말한다.

중국에서 일을 하다 보면 명함을 여러 개 가지고 있는 중국 사업가를 만날 수 있다. 중국인은 한 곳에만 몰아서 투자하는 것보다 여러 곳에 분산 투자를 하거나 지인들과 공동 투자하는 것을 좋아하기 때문에 여러 개의 명함을 사용한다. 예를 들어 건물을 살 경우, 혼자 사면 리스크가 클 수 있으니 친구들과 공동 투자하는 것이다.

우리에겐 한국 스타일의 비즈니스 방식이 있듯이 그들에겐 중국 스타일의 비즈니스 방식이 있다. '지피지기면 백전불태(知彼知己，百战不殆 zhībǐzhījǐ, bǎizhànbúdài)'라고 하지 않았던가! 중국과의 교류가 점점 더 활발해 지고 있는 지금, 그들을 제대로 이해하고 지혜롭게 대처하는 노력이 필요한 것 같다.

11

快考试了。
Kuài kǎoshì le.

시험이 코앞이에요.

학습 포인트

- 어기조사 '了' 용법 (2): 상황의 발생 및 변화
- '快……了' 용법
- 명사 및 1음절 형용사의 중첩 익히기
- '会……的'의 용법 익히기

나의 회화 수첩

  울 아빠는 엄마 바라기 🎧 11-01

金泰山 **老婆，下雨了。你带伞了吗?**
Lǎopo, xià yǔ le. Nǐ dài sǎn le ma?

张金喜 **我今天没带伞。**
Wǒ jīntiān méi dài sǎn.

金泰山 **你在站牌等我，我去接你。**
Nǐ zài zhànpái děng wǒ, wǒ qù jiē nǐ.

下雨 xià yǔ 통 비가 내리다 | 带 dài 통 가지다, 휴대하다 | 伞 sǎn 명 우산 | 站牌 zhànpái 명 정류소 표지판 | 等 děng 통 기다리다

  낙천이가 국수를 마다하다니 🎧 11-02

松怡 **乐天，你也吃点儿面条吧。**
Lètiān, nǐ yě chī diǎnr miàntiáo ba.

乐天 **姐姐，我不吃了。**
Jiějie, wǒ bù chī le.

松怡 **你怎么了?**
Nǐ zěnme le?

乐天 **我肚子不舒服，什么都不想吃。**
Wǒ dùzi bù shūfu, shénme dōu bù xiǎng chī.

面条 miàntiáo 명 국수 | 怎么 zěnme 대 어떻게, 어째서 | 肚子 dùzi 명 (사람이나 동물의) 복부 | 舒服 shūfu 형 (몸, 마음이) 편안하다, 쾌적하다

 시험이 닥쳐도 무한 긍정 에너지! 🎧 11-03

张金喜 **快考试了，你还天天出去玩儿，怎么行？**
Kuài kǎoshì le, nǐ hái tiāntiān chūqù wánr, zěnme xíng?

乐 天 **妈妈，离考试还有十天呢。**
Māma, lí kǎoshì hái yǒu shí tiān ne.

张金喜 **我怎么觉得只剩十天？**
Wǒ zěnme juéde zhǐ shèng shí tiān?

乐 天 **妈，您放心吧，我会好好复习的。**
Mā, nín fàngxīn ba, wǒ huì hǎohāo fùxí de.

张金喜 **妈也相信你。**
Mā yě xiāngxìn nǐ.

乐 天 **谢谢妈妈这么信任我。**
Xièxie māma zhème xìnrèn wǒ.

快 kuài 부 곧, 머지않아 ▶**快……了** kuài……le 곧 ~이 되다 | **考试** kǎoshì 명 시험, 동 시험을 치다 | **天天** tiāntiān 부 매일, 날마다 | **出去** chūqù 동 나가다 | **玩儿** wánr 동 놀다 | **觉得** juéde 동 ~라고 느끼다, 생각하다 | **只** zhǐ 부 단지, 오로지 | **剩** shèng 동 남다 | **天** tiān 명 하루, 일 | **放心** fàngxīn 동 마음을 놓다, 안심하다 | **复习** fùxí 동 복습하다 | **相信** xiāngxìn 동 믿다 | **信任** xìnrèn 동 신뢰하다

어법 노하우 대 공개

■ 어기조사 '了' 용법 (2)

문장 끝에 '了'를 붙여 새로운 상황의 발생이나 상황의 변화를 나타낼 수 있다.

명사+了	~가 되다	夏天了。 여름이 왔다. Xiàtiān le.
형용사+了	~한 상태가 되다	天气热了。 날씨가 더워졌다. Tiānqì rè le.
동사+了	(동작이) 발생하다	他们都到了。 그들은 모두 도착했다. Tāmen dōu dào le.
有+了	~가 생기다	姐姐有男朋友了。 언니는 남자친구가 생겼다. Jiějie yǒu nánpéngyou le.
是+了	~가 되다	她现在是画家了。 그녀는 지금 화가가 되었다. Tā xiànzài shì huàjiā le.
不+了	더 이상 ~하지 않다	我不买了。 안 살래요. Wǒ bù mǎi le.
怎么+了	~가 어떻게 되다	你怎么了? 왜 그래? Nǐ zěnme le?

■ '快(要)……了' 용법

'了'는 '要'나 '快' 등과 함께 쓰여 어떤 일이 곧 발생하거나 그럴 가능성이 있음을 나타낸다. 기본형은 '要……了'로 '막 ~하려 한다'라는 뜻이며, '快(要)……了'나 '快(到)……了'의 형식을 쓰면 시간이 좀더 긴박함을 나타낼 수 있다.

她要走了。 Tā yào zǒu le. 그녀는 가려고 해요.

春节快到了。 Chūn Jié kuài dào le. 설이 곧 다가옵니다.

我们快要毕业了。 Wǒmen kuàiyào bìyè le. 우리는 곧 졸업해요.

문장에 시간사가 등장하면 반드시 '就要……了' 형식을 사용한다.

下星期就要考试了。 다음 주가 시험이예요. (下星期: 시간사)
Xià xīngqī jiùyào kǎoshì le.

문어체에서는 '将要……了 jiāngyào……le' 형식을 사용하기도 한다.

他们将要离开首尔了。 그들은 곧 서울을 떠나려고 해요.
Tāmen jiāngyào líkāi Shǒu'ěr le.

부정형은 '还没……呢'이다.

春节还没到呢。 설이 아직 안됐어요.
Chūn Jié hái méi dào ne.

■ 명사의 중첩

일반명사는 AA형식으로 중첩하며 '예외 없이', '일일이'의 뜻을 나타낸다.

人人都说桂林很美。　사람들은 다 구이린이 아름답다고 한다.
Rénrén dōu shuō Guìlín hěn měi.

■ 1음절 형용사의 중첩

형용사를 중첩하면 말에 생동감이 더해지고 뜻이 강조된다.

① 중첩의 유형

- **AA형식** : 두 번째 음절은 제1성으로 읽으며 '儿'화가 되는 경우도 있다.
  大大 dàdā 크디크다 ｜ 好好(儿) hǎohāo(r) 잘, 열심히 ｜ 轻轻 qīngqīng 가볍다, 젊다

- **ABB형식**
  黑油油 hēiyōuyōu 꺼머번지르하다 ｜ 冷冰冰 lěngbīngbīng 쌀쌀하다, 차디찬
  红彤彤 hóngtōngtōng 새빨갛다

② 주의 사항

1음절 형용사의 중첩형이 부사어로 쓰일 때 '地'를 동반할 수도 있고 생략할 수도 있다.

秋风**轻轻**地吹。　Qiūfēng qīngqīng de chuī.　가을바람이 살랑살랑 분다.

1음절 형용사의 중첩형은 관형어로 쓰일 수 있다.

她有一双**大大**的眼睛。　그녀는 커다란 눈 한 쌍을 가지고 있다.
Tā yǒu yì shuāng dàdā de yǎnjing.

1음절 형용사의 중첩형이 술어로 쓰일 때는 뒤에 꼭 '的'를 쓴다.

我的手**冷冰冰**的。　Wǒ de shǒu lěngbīngbīng de.　내 손은 차디차다.

■ 会……的

조동사 '会'는 '的'와 함께 쓰여 확신에 찬 추측을 나타낸다.

他**会**帮你**的**。　Tā huì bāng nǐ de.　그는 당신을 도울 수 있을 거예요.

새 단어

天气 tiānqì 명 날씨 ｜ 画家 huàjiā 명 화가 ｜ 毕业 bìyè 명 졸업, 동 졸업하다 ｜ 将 jiāng 부 장차, 곧 ｜ 离开 líkāi 동 떠나다
桂林 Guìlín 고유 구이린 ｜ 美 měi 형 아름답다 ｜ 秋风 qiūfēng 명 가을바람 ｜ 吹 chuī 동 불다 ｜ 双 shuāng 양 쌍, 짝
帮 bāng 동 돕다

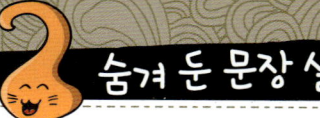

숨겨 둔 문장 실력

▶ 바꿔서 말해 보고, 이를 활용해 대화를 나눠 보세요. 🎧 11-04

하나
老婆，下雨了。
姐姐	下雪
小金	天冷
妈妈	春天

姐姐 jiějie 언니 | 下雪 xià xuě 눈이 내리다 | 小金 Xiǎo Jīn 김 양 | 天冷 tiān lěng 날이 춥다 | 妈妈 māma 엄마 | 春天 chūntiān 봄

실력 Up!
A 老婆，下雨了。
B 下雨了?

둘
姐姐，我不吃了。
　　　　喝
　　　　唱
　　　　去

喝 hē 마시다 | 唱 chàng 노래하다 | 去 qù 가다

실력 Up!
A 你也吃点儿面条吧。
B 姐姐，我不吃了。

셋
离考试还有十天呢。
春节	一个星期
高考	一个月
我生日	三天

春节 Chūn Jié 설 | 一个星期 yí ge xīngqī 일주일 | 高考 gāokǎo 대입 시험 | 一个月 yí ge yuè 한 달 | 我生日 wǒ shēngrì 내 생일 | 三天 sān tiān 3일

실력 Up!
A 快考试了吧？
B 离考试还有十天呢。

단어 플러스

날씨와 관련된 표현

晴 qíng 맑다 | 阴 yīn 흐리다 | 暖和 nuǎnhuo 따뜻하다 | 凉快 liángkuai 선선하다 | 刮风 guā fēng 바람이 불다 | 打闪 dǎshǎn 번개가 치다 | 打雷 dǎléi 천둥 치다 | 云 yún 구름 | 雾 wù 안개 | 台风 táifēng 태풍 | 天气预报 tiānqì yùbào 일기예보

나만의 복습 다이어리

엊그제 1과를 시작한 것 같은데 벌써 11과라니! 이야~ 빠르다 빨라!
그렇다면 2권의 대미를 장식하는 어법은? 두둥~ '了'의 또 다른 용법인 '새로운 상황의 발생'!!

'了'는 명사나 형용사, 혹은 부정부사와 함께 쓰여서 상황이 변했다는 것을 말해 주기도 해.
예를 들어 보자.

'여름이 왔다.'라고 할 때는 夏天了。 Xiàtiān le.

 '추워졌어.'라고 할 때는 冷了。 Lěng le.

(마음이 변해서) '안 갈래.'라고 할 때는 不去了。 Bú qù le.

'快(要)……了'는 어떤 상황이 바로 닥칠 것임을 암시하는 문형이라 할 수 있지. 원래 기본형은
'要……了'이고, 시간이 더 촉박해지면 '快要……了' 형식을 쓰지. 만약 문장에 시간사가 등장하면
반드시 '就要……了' 형식을 써야 하는 것에 주의해야 해.

형용사의 중첩도 배웠는데, 형용사를 중첩하면 뜻이 강조되고 말이 더 생동감 있어진다고 하네. 그러니까
'大'라고 하면 그냥 '크다'지만 '大大'라고 하면 '엄청 크다'라는 뜻이 되는 거지.

무사히 2권의 종착역까지 온 내 자신에게 격려의 한마디~
 "辛苦了! Xīnkǔ le!" 수고했어!!
안녕~2권!!

즉문즉답

Q 선생님, '离'를 써서 시간을 표현하기도 하나요?

A 네. '离'를 써서 시간이 얼마 남았다는 것을 표현할 수 있습니다.

'离+특정일+还有+기간[구체적인 일수]'를 써서 '기간이 얼마 남았다'라고 표현할 수 있습니다.
이 때 '离' 앞에는 주어가 오지 않습니다.

离春节还有十天。 설까지는 아직 10일 남았어요.
Lí Chūn Jié hái yǒu shí tiān.

차근차근 실력 확인

1 잘 듣고 그림과 녹음 내용이 일치하면 O표, 일치하지 않으면 X표를 해 보세요. 🔊 11-05

① (　　　)

② (　　　)

③ (　　　)

④ (　　　)

2 주어진 뜻에 해당하는 단어를 찾아 빈칸에 써 보세요.

考试	伞	天天
剩	信任	肚子
舒服	觉得	复习

① 신뢰하다 _____　② 날마다 _____　③ 복부 _____

④ 시험 치다 _____　⑤ 편안하다 _____　⑥ 우산 _____

⑦ 복습하다 _____　⑧ ~라고 느끼다 _____　⑨ 남다 _____

3 대화가 완성될 수 있도록 문장을 알맞게 연결해 보세요.

① 你带伞了吗?
　Nǐ dài sǎn le ma?

② 快考试了吧?
　Kuài kǎoshì le ba?

③ 你怎么了?
　Nǐ zěnme le?

④ 我会好好复习的。
　Wǒ huì hǎohāo fùxí de.

A 我肚子不舒服。
　Wǒ dùzi bù shūfu.

B 我今天没带伞。
　Wǒ jīntiān méi dài sǎn.

C 妈妈也相信你。
　Māma yě xiāngxìn nǐ.

D 离考试还有十天呢。
　Lí kǎoshì hái yǒu shí tiān ne.

4 주어진 한어병음과 한자를 참고하여 빈칸에 알맞게 쓰고, 문장 전체의 뜻을 써 보세요.

① Xià yǔ le, nǐ dài sǎn le ma?

| | | | ， | 你 | 带 | 伞 | 了 | 吗 | ？ |

뜻 : _____?

② Nǐ yě chī diǎnr miàntiáo ba.

| 你 | 也 | | | 面 | 条 | 吧 | 。 |

뜻 : _____.

③ 你在站牌等我，我去接你。

　Nǐ zài zhànpái děng wǒ, wǒ _____.

뜻 : _____.

④ 您放心吧，我会好好复习的。

　Nín fàngxīn ba, wǒ _____ fùxí de.

뜻 : _____.

발음·성조 클리닉

당시(唐诗)를 읽으며 발음과 성조를 연습해 보세요. 🎧 11-06

《春晓》
Chūnxiāo

孟浩然 Mèng Hàorán
(맹호연, 689~740)

春眠不觉晓,
Chūn mián bù jué xiǎo,

处处闻啼鸟。
chù chù wén tí niǎo.

夜来风雨声,
Yè lái fēng yǔ shēng,

花落知多少。
huā luò zhī duō shǎo.

봄잠에 취해 날 새는 줄 몰랐더니,
여기저기서 새들의 노래 소리가 들리네.
밤사이 비바람 소리 들리더니,
꽃잎은 얼마나 떨어졌는지 모르겠네.

간체자와 친해지기

✏️ 획순을 참고해서 간체자를 따라 써 보세요.

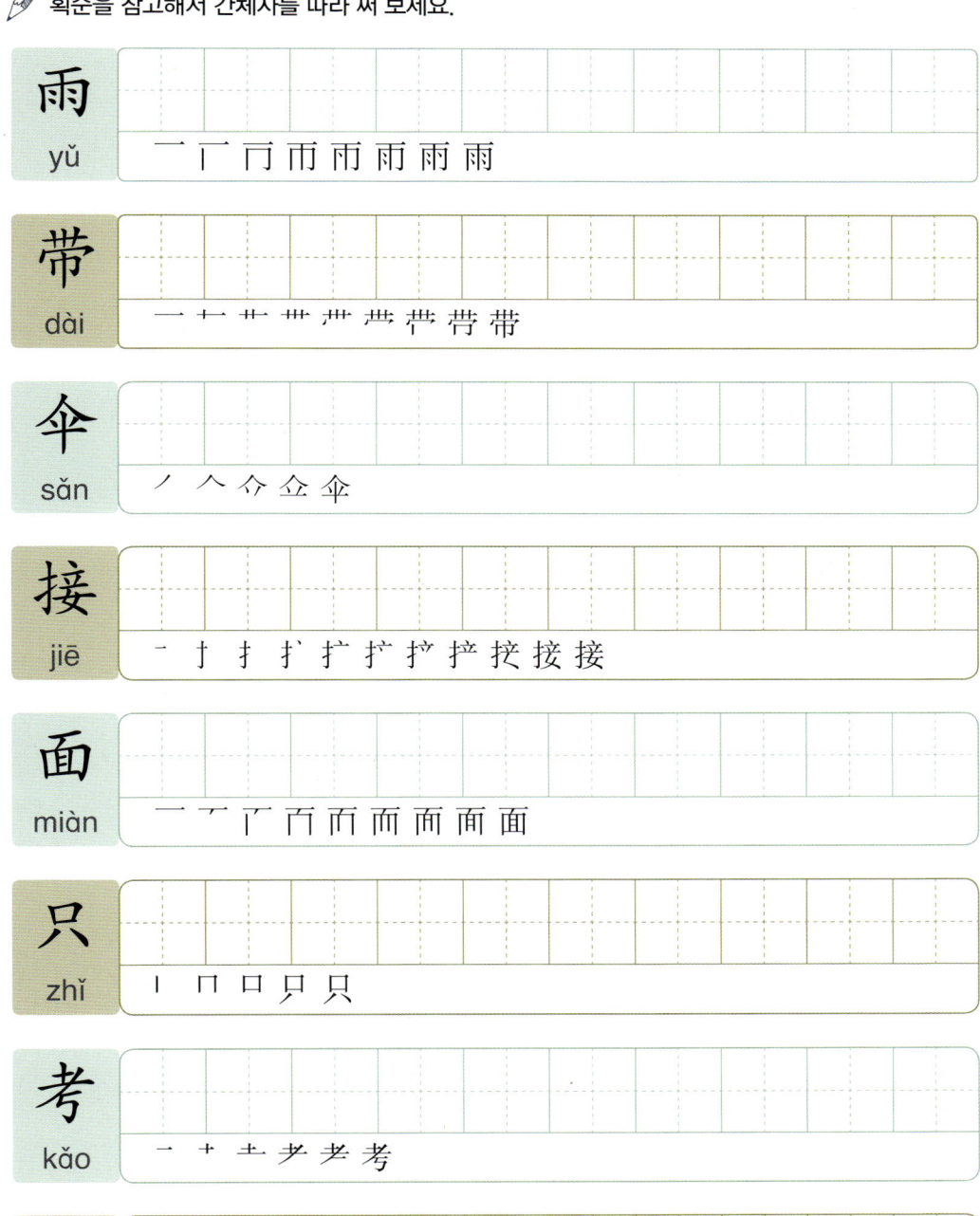

11 快考试了。 139

중국어 속으로 풍덩

하고 안 하고의 차이

우리는 안다. 유명 트레이너의 개미허리 운동을 따라 하면 후덕한 허리 살이 빠지고, 팔 운동을 따라 하면 팔뚝에 걸려 진입 불가였던 블라우스도 입을 수 있게 되며, 복근 운동을 따라 하면 늘어졌던 뱃살이 11자로 정리된다는 것을. 그러나 우리는 데이트하느라 못 하고, 회식이 잦아 못 하다가 결국은 "그래, 그냥 살던 대로 살지 뭐. 연예인 몸매? 부럽지만 난 먹고 싶은 거 다 먹으면서 숨쉬기 운동으로 만족할래."라는 말로 포기의 변을 한다.

중국어 공부도 다이어트와 비슷하다. 열심히 하면 남들처럼 잘할 수 있다는 것을 알면서도 "중국어 발음·성조가 너무 어려워서 사람 잡는대~"라는 풍문에 지레 겁을 먹고 시작부터 포기하거나, 필요와 자발적 욕구에 의해 시작은 했지만 생각보다 잘 늘지 않아서 포기하고, 바쁜 업무와 잦은 출장에 포기하고 만다. 그리고 이렇게 말한다. "그래 중국어는 무슨 중국어! 그냥 영어나 하자고~"

그런데 가만히 생각해 보면 다가오는 여름에 비키니를 입기 위해 다이어트를 결심했듯이, 중국어 공부를 하려던 데에도 분명한 이유와 목표가 있지 않았을까 싶다.
누구는 취업을 위해서 시작했을 수도 있고,
누구는 승진을 위해서,
누구는 좋아하는 중국 배우가 출연하는 영화를 보기 위해서,
또 누군가는 중국 친구와 소통하기 위해서 중국어를 시작했을 텐데 그렇게 쉽게 포기한다면 자신의 의지박약을 만천하에 알리는 것은 아닐는지.

필자가 중국어도 잘하고 책도 많이 쓰니까 많은 분들이 이렇게 묻는다. "한 선생님은 처음부터 중국어 잘하셨죠? 맞죠? 맞죠? 맞죠!!!"
'아니요~'라고 대답했다가는 한 대 맞을 것 같지만 솔직히 말하면 "저도 물론 처음부터 잘하고 싶은 마음은 굴뚝이었으나 현실은 제 편이 아니었어요."이다. 필자 역시 시작한 지 6개월 만에 발음부터 재수강하는 굴욕을 겪었고, 숱한 좌절과 눈물바람을 어찌 다 설명하겠으며, 중국어책을 다 갖다 버리고 싶은 적은 또 얼마나 많았는지…… 그러나 그럼에도 불구하고 수많은 난관을 버티고 이겨 내며 중국어를 놓지 않았던 것은 정말 잘한 일이라는 생각이 든다.

그러니 지금 여러분 중에 중국어가 잘 안 늘어 그만둘까 말까 고민하고 있는 친구가 있다면 조금만 더 버터 보라고 하고 싶다. 남들보다 뒤처진다고 느껴지면 시간을 늘려 두세 배 열심히 하면 된다. 남들도 다 했는데 여러분이라고 못 하리란 법이 이 세상 어디에 있겠는가!! 안 하면 영원히 못 하지만, 하면 언젠가는 된다. 남들보다 반 년, 1년 늦었다고 인생이 확~ 바뀌는 것도 아니다. 시작이 반이라고 했으니 이제 반만 더 가면 되는데, 반까지 온 정성이 아까워서라도 계속 직진해야 하지 않을까?

12

复习

fùxí

복습

단어 실력 점프

1 주어진 뜻에 해당하는 단어를 한자로 써 보세요.

① 지하철역　　② 맞은편　　③ 학교　　④ 일

⑤ 그래서　　⑥ 수영하다　　⑦ 여름　　⑧ 다시

⑨ 학우　　⑩ 우산　　⑪ 복부(배)　　⑫ 국수

2 알맞은 단어를 골라 빈칸에 써서 문장을 완성해 보세요.

请问　还　会　了　不

① 我下星期_____你，可以吗?

② _____，地铁站在哪儿?

③ 我不_____游泳，你呢?

④ 姐姐，我_____吃了。

⑤ 你吃早饭_____没有?

1 그림을 참고하여 빈칸에 장소와 관련된 단어를 써 보세요.

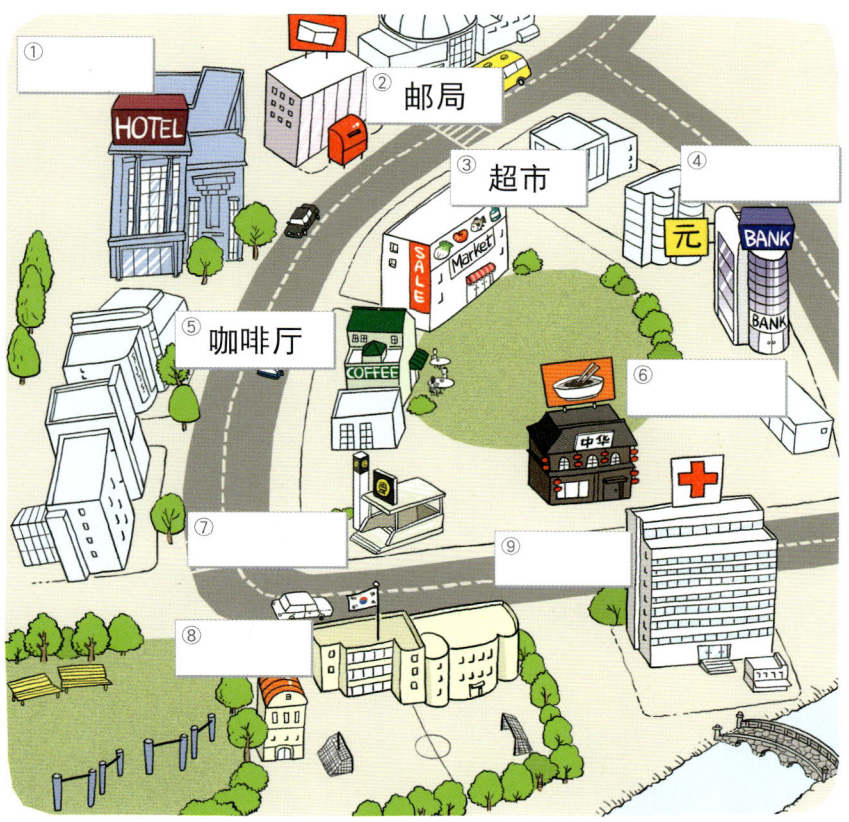

2 주어진 단어를 보고 한어병음을 알맞게 써 보세요.

① 银行 _____ ② 床 _____ ③ 中国菜 _____

④ 门口 _____ ⑤ 送 _____ ⑥ 玫瑰花 _____

⑦ 下星期 _____ ⑧ 罚款 _____ ⑨ 刚才 _____

⑩ 吃饭 _____ ⑪ 带 _____ ⑫ 特别 _____

⑬ 等 _____ ⑭ 放心 _____ ⑮ 信任 _____

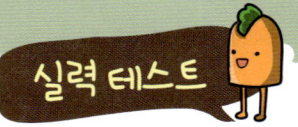

실력 테스트

1-5 잘 듣고 녹음 내용과 어울리는 그림을 골라 보세요. 🎧 12-01

1 (　　) 2 (　　) 3 (　　)

4 (　　) 5 (　　)

a

b

c

d

e

6 다음 빈칸에 들어갈 말로 알맞은 것을 고르세요.

> A 你喜欢夏天_____冬天?
> B 我喜欢夏天。

① 或者　　② 还是
③ 所以　　④ 再

7 다음 중 잘못된 문장을 고르세요.

① 公司附近有很多餐厅。
② 学校在邮局左边。
③ 我喜欢右边的衣服。
④ 前边超市不大。

8 다음 빈칸에 들어갈 말로 알맞은 것을 고르세요.

> _____下雨了，我们走吧。

① 就　　② 快
③ 就要　　④ 才

9 다음 빈칸에 들어갈 말로 알맞은 것을 고르세요.

> 你给张老师打电话了_____?

① 了　　② 啊
③ 呢　　④ 没有

10 다음 중 '了'의 용법에 대한 설명으로 맞지 않는 것은?

① 이합사의 동사 부분 뒤에 쓴다.
② 부정형에는 '没有'를 쓴다.
③ '了'는 문장 끝에만 위치한다.
④ 습관적인 동작에는 쓰지 않는다.

11 다음 밑줄 친 부분에 들어갈 말로 알맞은 것을 고르세요.

A 你_____游泳吗?
B 我不_____游泳，我怕水。

① 会　② 得　③ 能　④ 想

12 다음 밑줄 친 단어의 중첩형으로 맞지 않는 것은?

我<u>想</u>看中国电影。

① 想想　　② 想了想
③ 想想了　④ 想一想

13 다음 빈칸에 들어갈 조동사로 바르게 묶인 것을 고르세요.

A 这儿_____抽烟吗?
B 这儿不_____抽烟。

① 可以 - 要　② 可以 - 能
③ 能 - 要　　④ 能 - 会

14 다음에 제시된 동사의 공통된 특징은?

给　告诉　教　还

① 목적어를 동반할 수 없다.
② 동작을 지속할 수 있다.
③ 2개의 목적어를 동반할 수 있다.
④ 보어로 쓰일 수 있다.

15 다음 밑줄 친 단어의 성조와 같은 성조로 발음하는 단어를 고르세요.

你<u>好</u>好休息吧。

① 吃　② 去　③ 可　④ 玩

16 다음 밑줄 친 부분에 부사 '不'와 '没有'를 알맞게 넣어 문장을 완성해보세요.

(1) 我今天_____时间。
(2) 姐姐_____去超市，去医院。
(3) 金老师现在_____忙。
(4) 昨天我_____吃晚饭。

17 다음 밑줄 친 부분에 '有'와 '在'를 알맞게 넣어 문장을 완성해보세요.

(1) 地铁站_____邮局右边。
(2) 教室里_____五个学生。
(3) 你的书_____老师那儿。
(4) 学校前边_____一个书店。

18 다음 빈칸에 들어갈 말로 알맞은 것을 고르세요.

　　A 你们做什么了?
　　B 我们＿＿＿吃饭，＿＿＿聊天。

　① 所以　　② 一边
　③ 也　　　④ 边

19 다음 중 문장 표현이 잘못된 것은?
　① 夏天了　　② 不要走了
　③ 天气热了　④ 这么了

20-23 주어진 단어를 어순에 맞게 배열해 보세요.

20 书　你　一　我　本　想　给
＿＿＿＿＿＿＿＿＿＿＿＿＿＿。

21 六点　我那儿　半　到　吧
＿＿＿＿＿＿＿＿＿＿＿＿＿＿。

22 面条　吃　你　点儿　也　吧
＿＿＿＿＿＿＿＿＿＿＿＿＿＿。

23 同学　见　我　几　了　个
＿＿＿＿＿＿＿＿＿＿＿＿＿＿。

24-27 주어진 한자를 사용해 작문해 보세요.

24 은행은 슈퍼마켓 오른쪽에 있다.
　　(超市，右边)
＿＿＿＿＿＿＿＿＿＿＿＿＿＿。

25 장 선생님께서 우리에게 중국어를 가르치십니다.
　　(教，汉语)
＿＿＿＿＿＿＿＿＿＿＿＿＿＿。

26 너 휴대전화 사고 싶어 안 사고 싶어?
　　(想不想，手机)
＿＿＿＿＿＿＿＿＿＿＿＿＿＿?

27 시험까지 아직 10일 남았어. (离，还)
＿＿＿＿＿＿＿＿＿＿＿＿＿＿。

대화문 완성

1-6 그림의 상황을 참고하여 어울리는 대화를 완성해 보세요.

1.

A 首尔饭店在哪儿?
B 在银行_____。

2.

A 你_____屋里有没有我的公文包。
B 有。你的公文包在_____上。

3.

A 你喜欢夏天_____冬天?
B 我喜欢冬天, 冬天可以去_____。

4.

A _____了, 你带伞了吗?
B 我____带伞。

5.

A 你_____了?
B 我肚子不_____。

6.

A 你的爱好是什么?
B 我的爱好是_____。

12 복습 147

甜蜜蜜
tiánmìmì

邓丽君 Dèng Lìjūn

甜蜜蜜你笑得甜蜜蜜
Tiánmìmì nǐ xiào de tiánmìmì

好像花儿开在春风里 开在春风里
Hǎoxiàng huār kāi zài chūnfēng lǐ kāi zài chūnfēng lǐ

在哪里 在哪里见过你
Zài nǎli zài nǎli jiànguo nǐ

你的笑容这样熟悉
Nǐ de xiàoróng zhèyàng shúxī

我一时想不起
Wǒ yìshí xiǎngbuqǐ

阿 在梦里 梦里梦里见过你
Ā zài mèng lǐ mèng lǐ mèng lǐ jiànguo nǐ

甜蜜 笑得多甜蜜
Tiánmì xiào de duō tiánmì

是你 是你 梦见的就是你
Shì nǐ shì nǐ mèng jiàn de jiù shì nǐ

달콤해요. 당신의 미소가 너무 달콤해요.
마치 꽃이 봄바람에 휘날리듯 꽃이 봄바람에 휘날리듯.
어디선가 어디선가 본 듯해요.
당신의 미소가 너무 낯익네요.
잠시 생각이 나지 않아요.
아 그래요. 꿈에서 꿈에서 당신을 보았군요.
미소가 너무 달콤해요.
당신이군요. 당신이군요. 꿈속에서 만난 사람이.

- 본문 해석
- 정답 및 녹음 대본
- 발음·성조 클리닉 잰말놀이 한자
- 단어 색인

본문 해석

01 오후 2시입니다.

상황 1 지금 몇 시인가요?

낙 천 칭칭, 지금 몇 시니?
칭 칭 오후 두 시.
낙 천 고마워!

상황 2 음악회가 곧 시작해요!

민 준 송이야, 음악회는 몇 시에 시작해?
송 이 6시 반에 시작이야.
민 준 지금 몇 시야?
송 이 6시 5분 전이야.

상황 3 공항으로 아빠를 마중 나가 볼까요?

낙 천 엄마, 아빠는 언제 공항에 도착하세요?
장금희 너희 아빠는 밤 9시 15분이 되어야 도착하셔.
낙 천 그러면 엄마가 마중 가시는 거예요?
장금희 응, 내가 아빠 마중 갈 거야.
낙 천 몇 시에 가세요?
장금희 지금 바로 가려고 해.

02 이 바지는 얼마예요?

상황 1 오늘은 삼겹살 데이!

장금희 아저씨, 돼지고기 한 근에 얼마예요?
아저씨 한 근에 12위엔인데요, 얼마나 드릴까요?
장금희 3근 주세요.
아저씨 알겠습니다. 모두 36위엔입니다.

상황 2 여행 가기 전에 환전은 필수!

김태산 안녕하세요! 달러로 환전하려고 하는데요.
은행직원 몇 달러 바꾸시려고요?
김태산 2,000달러 바꾸려고요.

상황 3 예쁜 옷을 사 볼까요?

송 이 이 바지 얼마예요?
판매원 278위엔입니다.
송 이 이 바지 할인하나요?
판매원 이 바지는 할인하지 않고, 저 바지는 할인해요.
송 이 얼마나 할인하나요?
판매원 20퍼센트 할인합니다.

03 나는 올해 만 스무 살이에요.

상황 1 어느새 훌쩍 커 버린 키

칭 칭 너 키가 어떻게 돼?
낙 천 179cm야.

상황 2 그녀의 몸무게는 언제나 신비주의

송 이 너 몸무게 얼마나 나가?
민 준 나는 72kg이야. 너는?
송 이 비밀이야.
민 준 그럴 줄 알았어. 여자들은 늘 비밀이 많다니까.

상황 3 나이만큼 성숙해진다

장금희 허 군은 올해 몇 살이지?
민 준 저는 올해 만 스무 살입니다.
장금희 무슨 띠인가?
민 준 말띠예요.
장금희 어머니는 올해 연세가 어떻게 되시지?
민 준 어머니는 올해 49세이십니다.
장금희 어머니하고 내가 동갑이네.

04 콩알이는 눈이 커요.

상황 1 부모님의 안부 묻기는 기본

민 준 너희 아빠, 엄마는 건강하시니?
송 이 우리 아빠, 엄마는 모두 건강하셔. 너희 부모님은?
민 준 우리 부모님도 모두 건강하셔.

상황 2 무슨 색을 좋아하나요?

전 주 저 파란색 블라우스 색깔 어때?
송 이 저 파란색 블라우스 색깔 괜찮은데.
전 주 너 파란색 좋아해?
송 이 나 파란색 아주 좋아해.

상황 3 우리 집 강아지 콩알이

칭 칭 얘가 네가 키우는 강아지야?
낙 천 맞아. 콩알이라고 해.
칭 칭 콩알이는 한 살 됐어?
낙 천 얘는 아직 9개월이 안 됐어.
칭 칭 콩알이는 눈이 크고, 다리는 짧은 게 너무 귀엽다.
낙 천 그렇게 좋아하면 너도 한 마리 키워.
칭 칭 안 돼. 우리 엄마가 애완동물 키우는 것을 허락하지 않으셔.

05 내가 너에게 전화할게.

상황 1 전화를 기다리며

민 준 내가 밤에 너한테 전화할게.
송 이 그래. 대충 몇 시쯤?
민 준 대충 9시 정도.

상황 2 연애와 결혼?

송 이 네 남자친구는 너한테 잘해 주니?
전 주 그는 나한테 잘해 줘.
송 이 너 그 사람과 결혼하고 싶어?
전 주 그건 아직 모르지.

상황 3 친절하게 길 안내하기

여행객 여기서 2번 버스를 타면 명동에 가나요?
장금희 안 가요. 9번이나 11번을 타세요.
여행객 대략 몇 정류장 정도 되나요?
장금희 명동은 여기서 세 정류장 거리예요.
여행객 그래요? 고맙습니다!
장금희 별말씀을요.

07 호텔은 은행 맞은편에 있어요.

상황 1 어디로 가나요?

여행객 말씀 좀 여쭐게요. 지하철역이 어디에 있나요?
송 이 지하철역은 우체국 옆에 있어요.
여행객 서울호텔은요?
송 이 서울호텔은 은행 맞은편에 있어요.

상황 2 아빠의 건망증

김태산 여보, 당신 집이야?
장금희 집에 있는데, 무슨 일이에요?
김태산 방에 내 서류 가방이 있는지 좀 봐 줘.
장금희 있어요. 당신 서류 가방 침대 위에 있네요.

상황 3 오늘은 엄마와 데이트하는 날!

낙 천   엄마네 학교 근처에 중국 식당 있어요?
장금희 학교 앞에 두 군데 있는데, 너 중국 음식 먹고 싶니?
낙 천   저 훠궈가 먹고 싶어요.
장금희 그럼 너 저녁 때 엄마한테 오렴.
낙 천   알겠어요. 저 몇 시에 엄마한테 가요?
장금희 6시 반에 우리 학교 앞으로 오면 돼.

08 당신에게 장미 한 다발 선물할게요.

상황 1 특급 사실을 알려 주지!

민 준 너한테 뭐 하나 알려 줄게.
송 이 무슨 일인데?
민 준 우리 학교 캠퍼스 퀸이 나 쫓아다녀.

상황 2 해피 밸런타인데이

송 이   아빠, 내일이 밸런타인데이인 거 아세요?
김태산 당연히 알지. 그래서 너희 엄마한테 장미꽃 한 다발을 선물하려고 해.
송 이   아빠, 너무 로맨틱하세요!

상황 3 낙천이의 만화책 사랑

칭 칭 이 만화책들 다 네 거야?
낙 천 내 거야.
칭 칭 나한테 한 권 빌려줄 수 있어?
낙 천 그럼. 자, 받아.
칭 칭 내가 다음 주에 돌려줘도 돼?
낙 천 그럼.

09 나는 수영을 할 수 있어요.

상황 1 물이 무서워~

칭 칭 너 수영할 수 있어?
낙 천 할 수 있어. 너는?
칭 칭 나는 수영을 못해. 물이 무섭거든.

상황 2 설 자리를 잃어가는 애연가들

이 사장 여기서 담배를 피워도 되나요?
김태산 여기에서는 담배를 피울 수 없습니다.
이 사장 여기서 담배 피우면 벌금을 내야 하죠?
김태산 맞아요. 벌금을 많이 내야 합니다.

상황 3 겨울엔 스키가 좋아!

민 준 너는 여름이 좋아, 겨울이 좋아?
송 이 나는 여름이 좋아, 너는?
민 준 나는 겨울이 좋아. 겨울에는 스키를 타러 갈 수 있잖아.
송 이 스키 타는 것이 네 취미야?
민 준 응. 네 취미는 뭐야?
송 이 내 취미는 그림 그리기야.

10 고등학교 동창을 만났어요.

상황 1 송이는 어디에?

민 준   아주머니, 송이 집에 있어요?
장금희 송이 집에 없는데. 외할머니 댁에 갔어.
민 준   그래요? 그럼 제가 송이 휴대전화로 다시 걸게요.

상황 2 놀이공원으로 Go~Go~

칭 칭 너 아침 먹었어?
낙 천 벌써 먹었지.
칭 칭 그럼 우리 지금 놀이공원에 갈까?
낙 천 그래. 지금 가자.

상황 3 친구들과의 만남은 언제나 즐거워!

민 준 너 방금 어디 갔었어?
송 이 친구 만나러 갔었어.
민 준 언제 적 친구를 만났는데?
송 이 고등학교 동창을 몇 명 만났어.
민 준 너희들 뭐 했니?
송 이 우리는 밥 먹으면서 수다를 떨었는데, 너무 즐거웠어.

11 시험이 코앞이에요.

상황 1 울 아빠는 엄마 바라기

김태산 여보, 비 오는데 우산 가져갔어?
장금희 오늘 우산을 안 가져왔어요.
김태산 당신 정류소 표지판에서 기다려. 내가 마중 나갈게.

상황 2 낙천이가 국수를 마다하다니

송 이 낙천아, 너도 국수 좀 먹어 봐.
낙 천 누나, 나 안 먹을래.
송 이 너 왜 그래?
낙 천 나 배가 좀 아파서 아무 것도 먹고 싶지 않아.

상황 3 시험이 닥쳐도 무한 긍정 에너지!

장금희 시험이 코앞인데, 아직도 매일 나가 놀기만 하면 어떻게 하니?
낙 천 엄마, 시험까지 10일이나 남았어요.
장금희 나는 왜 10일 밖에 안 남은 것 같지?
낙 천 엄마, 걱정 마세요. 저 열심히 복습할 거예요.
장금희 엄마도 너 믿는다.
낙 천 엄마가 저를 이렇게 신뢰해 주셔서 감사해요.

정답 및 녹음 대본

01 下午两点。

차근차근 실력 확인

1 ① O ② X ③ X ④ O

녹음 대본

① 现在两点十分。
Xiànzài liǎng diǎn shí fēn.

② 现在差五分六点。
Xiànzài chà wǔ fēn liù diǎn.

③ 音乐会七点开始。
Yīnyuèhuì qī diǎn kāishǐ.

④ 妈妈去接爸爸。
Māma qù jiē bàba.

2 ① 差 ② 走 ③ 接
④ 机场 ⑤ 到 ⑥ 点
⑦ 开始 ⑧ 半 ⑨ 什么时候

3 ① C ② D ③ B ④ A

4 ① 现在几点?
지금 몇 시야?

② 你爸爸晚上九点一刻才到。
네 아빠는 밤 9시 15분이 되어야 도착하셔.

③ Chà wǔ fēn liù diǎn.
6시 5분 전이야.

④ Yīnyuèhuì liù diǎn bàn kāishǐ.
음악회는 6시 반에 시작해.

02 这条裤子多少钱?

차근차근 실력 확인

1 ① X ② O ③ O ④ X

녹음 대본

① 猪肉十块钱一斤。
Zhūròu shí kuài qián yì jīn.

② 我要三斤。
Wǒ yào sān jīn.

③ 我要换美元。
Wǒ yào huàn měiyuán.

④ 这条不打折。
Zhè tiáo bù dǎzhé.

2 ① 换 ② 人民币 ③ 猪肉
④ 裤子 ⑤ 二百七十 ⑥ 多少
⑦ 师傅 ⑧ 斤 ⑨ 打折

3 ① C ② D ③ A ④ B

4 ① 这条裤子多少钱?
이 바지는 얼마예요?

② 我要换两千美元。
저는 2천 달러를 환전하려고 해요.

③ Zhè tiáo kùzi bù dǎzhé, nà tiáo dǎzhé.
이 바지는 할인하지 않고, 저 바지는 할인해요.

④ Yígòng sānshíliù kuài qián.
모두 36위엔입니다.

03 我今年二十周岁。

차근차근 실력 확인

1 ① O ② X ③ X ④ O

녹음 대본

① 我今年二十岁。
   Wǒ jīnnián èrshí suì.

② 你多高?
   Nǐ duō gāo?

③ 我属猪。
   Wǒ shǔ zhū.

④ 妈妈今年五十岁。
   Māma jīnnián wǔshí suì.

2 ① 秘密   ② 今年   ③ 和
   ④ 重   ⑤ 马   ⑥ 总是
   ⑦ 属   ⑧ 周岁   ⑨ 女人

3 ① C   ② B   ③ D   ④ A

4 ① 你多高?
     너 키가 얼마나 돼?

   ② 你妈妈今年多大年纪?
     어머니는 올해 연세가 어떻게 되시니?

   ③ Wǒ yì mǐ qī jiǔ.
     나는 179cm야.

   ④ Wǒ shǔ mǎ.
     저는 말띠입니다.

04 豆豆眼睛很大。

차근차근 실력 확인

1 ① O ② X ③ X ④ O

녹음 대본

① 他们身体都很好。
   Tāmen shēntǐ dōu hěn hǎo.

② 我很喜欢蓝色。
   Wǒ hěn xǐhuan lánsè.

③ 这就是我养的小狗。
   Zhè jiù shì wǒ yǎng de xiǎogǒu.

④ 这件衬衫颜色不错。
   Zhè jiàn chènshān yánsè búcuò.

2 ① 父母   ② 眼睛   ③ 身体
   ④ 同意   ⑤ 腿   ⑥ 蓝
   ⑦ 不错   ⑧ 衬衫   ⑨ 颜色

3 ① D   ② A   ③ B   ④ C

4 ① 爸爸、妈妈身体都很好。
     아빠, 엄마는 모두 건강하십니다.

   ② 豆豆腿很短，太可爱了。
     콩알이 다리가 짧아. 너무 귀엽네.

   ③ Nà jiàn lán chènshān yánsè búcuò.
     저 파란색 블라우스 색깔이 괜찮다.

   ④ Wǒ māma bù tóngyì yǎng chǒngwù.
     우리 엄마가 애완동물 키우는 것을 허락하지 않으셔.

05 我给你打电话。

차근차근 실력 확인

1 ① X   ② O   ③ X   ④ O

녹음 대본

① 明洞离这儿有三站路。
   Míngdòng lí zhèr yǒu sān zhàn lù.

② 我想跟他结婚。
   Wǒ xiǎng gēn tā jiéhūn.

③ 你坐9路或者11路吧。
   Nǐ zuò jiǔ lù huòzhě shíyī lù ba.

④ 我住105房间。
   Wǒ zhù yāo líng wǔ fángjiān.

2 ① 大概   ② 公共汽车   ③ 跟
   ④ 电话   ⑤ 对   ⑥ 结婚
   ⑦ 知道   ⑧ 给   ⑨ 男朋友

3 ① D   ② C   ③ B   ④ A

4 ① 你坐9路或者11路吧。
      9번이나 11번을 타세요.

   ② 这我还不知道。
      그건 나도 아직 모르겠어요.

   ③ Wǒ wǎnshang gěi nǐ dǎ diànhuà ba.
      내가 밤에 너에게 전화할게.

   ④ Nǐ xiǎng gēn tā jiéhūn ma?
      너는 그 사람과 결혼하고 싶어?

06 복습

단어 실력 점프

1 ① 半   ② 开始   ③ 猪肉   ④ 美元
   ⑤ 打折   ⑥ 年纪   ⑦ 或者   ⑧ 眼睛
   ⑨ 颜色   ⑩ 给   ⑪ 知道   ⑫ 站

2 ① 你多高?
   ② 这条裤子多少钱?
   ③ 现在几点?
   ④ 我给你打电话。
   ⑤ 我爸爸、妈妈身体都很好!

나만의 단어장

1 ① 裙子   ② 衬衫   ③ 裤子
   ④ 蓝色   ⑤ 红色   ⑥ 黄色
   ⑦ 连衣裙   ⑧ 绿色   ⑨ 黑色

2 ① xiànzài   ② liù diǎn   ③ yí kè
   ④ yào   ⑤ liǎngqiān   ⑥ duōshao qián
   ⑦ cái   ⑧ tóngsuì   ⑨ yìbǎi
   ⑩ chǒngwù   ⑪ yǎng   ⑫ kě'ài
   ⑬ bú kèqi   ⑭ zuǒyòu   ⑮ huòzhě

실력 테스트

1 d   2 a   3 c
4 e   5 b   6 ②
7 ③   8 ④   9 ②
10 ④   11 ②   12 ③
13 ①   14 ②   15 ①
16 ③   17 ②   18 ③
19 ④   20 ②   21 ②

22 他眼睛不太大。
23 我给你打电话。
24 爸爸什么时候到机场?
25 我不喜欢喝茶。
26 七点一刻他才来。
27 你们班有多少(个)男生?
28 你爸爸多大年纪?
29 她不在家看书。

녹음 대본 (1~5번)

1 你爸爸晚上九点一刻才到。
   Nǐ bàba wǎnshang jiǔ diǎn yí kè cái dào.

2 猪肉十二块钱一斤,您要多少?
   Zhūròu shí'èr kuài qián yì jīn, nín yào duōshao?

3 我一百二十二斤。
   Wǒ yìbǎi èrshí'èr jīn.

4 豆豆眼睛很大。
   Dòudou yǎnjing hěn dà.

5 明洞离这儿有五站路。
   Míngdòng lí zhèr yǒu wǔ zhàn lù.

대화문 완성

1 A 音乐会几点开始?
  B 六点半开始。

2 A 这条裤子多少钱?
  B 二百七十块钱。

3 A 你多高?
  B 我一米八。

4 A 你妈妈今年多大年纪?
  B 她今年四十九岁。

5 A 那件衬衫打几折?
  B 打九折。

6 A 从这里坐2路公共汽车到明洞吗?
  B 不到,你坐9路或者11路吧。

07 饭店在银行对面。

차근차근 실력 확인

1 ① O ② O ③ X ④ O

녹음 대본

① 地铁站在邮局旁边。
   Dìtiězhàn zài yóujú pángbiān.

② 你的公文包在床上。
   Nǐ de gōngwénbāo zài chuáng shang.

③ 你想吃中国菜吗?
   Nǐ xiǎng chī Zhōngguó cài ma?

④ 六点半到我们学校门口就行。
   Liù diǎn bàn dào wǒmen xuéxiào ménkǒu jiù xíng.

2 ① 饭店   ② 对面   ③ 学校
  ④ 中餐厅 ⑤ 公文包 ⑥ 旁边
  ⑦ 地铁站 ⑧ 附近   ⑨ 火锅

3 ① B ② A ③ D ④ C

4 ① 请问,地铁站在哪儿?
   말씀 좀 여쭐게요. 지하철역이 어디에 있나요?

② 首尔饭店在银行对面。
   서울호텔은 은행 맞은편에 있어요.

③ Nǐ kànkan wū li yǒu méiyǒu wǒ de gōngwénbāo.
   방에 내 서류 가방이 있는지 좀 봐 주세요.

④ Nǐ liù diǎn bàn dào wǒmen xuéxiào ménkǒu jiù xíng.
   6시 반에 우리 학교 앞으로 오면 돼.

08 我送你一束玫瑰花。

차근차근 실력 확인

1 ① O   ② X   ③ O   ④ O

녹음 대본

① 我们学校的校花追我。
   Wǒmen xuéxiào de xiàohuā zhuī wǒ.

② 我要送她一束玫瑰花。
   Wǒ yào sòng tā yí shù méiguīhuā.

③ 我想买一本漫画书。
   Wǒ xiǎng mǎi yì běn mànhuàshū.

④ 这儿不能停车。
   Zhèr bù néng tíngchē.

2 ① 束   ② 校花   ③ 告诉
   ④ 追   ⑤ 当然   ⑥ 漫画书
   ⑦ 借   ⑧ 浪漫   ⑨ 所以

3 ① B   ② A   ③ D   ④ C

4 ① 我下星期还你，行吗？
      내가 다음 주에 너한테 돌려줘도 되니?

   ② 可以借我一本吗？
      나한테 한 권 빌려줄 수 있어?

   ③ Wǒmen xuéxiào de <u>xiàohuā zhuī</u> wǒ.
      우리 학교 캠퍼스 퀸이 나를 쫓아다녀.

   ④ Wǒ <u>yào sòng nǐ māma</u> yí shù méiguīhuā.
      너희 엄마한테 장미꽃 한 다발을 선물하려고 해.

09 我会游泳。

차근차근 실력 확인

1 ① O   ② O   ③ O   ④ X

녹음 대본

① 我会游泳。
   Wǒ huì yóuyǒng.

② 这儿不能抽烟。
   Zhèr bù néng chōuyān.

③ 冬天可以去滑雪。
   Dōngtiān kěyǐ qù huáxuě.

④ 我的爱好是画画。
   Wǒ de àihào shì huàhuà.

2 ① 还是   ② 滑雪   ③ 冬天
   ④ 怕   ⑤ 画画   ⑥ 爱好
   ⑦ 游泳   ⑧ 抽烟   ⑨ 夏天

3 ① C   ② A   ③ B   ④ D

4 ① 我不会游泳，我怕水。
      나는 수영을 못 해. 물이 무섭거든.

   ② 你喜欢夏天还是冬天？
      당신은 여름을 좋아하나요, 겨울을 좋아하나요?

   ③ Zhèr chōuyān <u>yào fákuǎn</u> ba?
      여기서 담배 피우면 벌금을 내야 하죠?

   ④ Huáxuě shì <u>nǐ de àihào</u> ma?
      스키 타는 것이 당신의 취미입니까?

10 我见了高中同学。

차근차근 실력 확인

1　① O　② X　③ O　④ X

녹음 대본

① 她去姥姥家了。
　　Tā qù lǎolao jiā le.

② 我们现在去游乐园吗?
　　Wǒmen xiànzài qù yóulèyuán ma?

③ 我去见朋友了。
　　Wǒ qù jiàn péngyou le.

④ 我们一边吃饭，一边聊天。
　　Wǒmen yìbiān chīfàn, yìbiān liáotiān.

2　① 游乐园　② 聊天　③ 已经
　　④ 高中　　⑤ 姥姥　⑥ 再
　　⑦ 早饭　　⑧ 手机　⑨ 开心

3　① C　② A　③ D　④ B

4　① 我们<u>现在去</u>游乐园吗?
　　　우리 지금 놀이공원에 갈까?

　　② 那我<u>再打</u>她手机吧。
　　　그럼 제가 그녀의 휴대전화로 다시 걸게요.

　　③ Tā qù <u>lǎolao jiā</u> le.
　　　그녀는 외할머니 댁에 갔어요.

　　④ Wǒ <u>jiànle jǐ ge</u> gāozhōng tóngxué.
　　　저는 고등학교 동창을 몇 명 만났어요.

11 快考试了。

차근차근 실력 확인

1　① X　② O　③ X　④ O

녹음 대본

① 下雨了，你带伞吧。
　　Xià yǔ le, nǐ dài sǎn ba.

② 她有一双大大的眼睛。
　　Tā yǒu yì shuāng dàdā de yǎnjing.

③ 离考试还有十天呢。
　　Lí kǎoshì hái yǒu shí tiān ne.

④ 我肚子不舒服。
　　Wǒ dùzi bù shūfu.

2　① 信任　② 天天　③ 肚子
　　④ 考试　⑤ 舒服　⑥ 伞
　　⑦ 复习　⑧ 觉得　⑨ 剩

3　① B　② D　③ A　④ C

4　① <u>下雨了</u>，你带伞了吗?
　　　비 오는데 우산 가져갔나요?

　　② 你也<u>吃点儿</u>面条吧。
　　　너도 국수 좀 먹어 봐.

　　③ Nǐ zài zhànpái děng wǒ, wǒ <u>qù jiē nǐ</u>.
　　　정류소 표지판에서 기다려요. 내가 마중 나갈게요.

　　④ Nín fàngxīn ba, wǒ <u>huì hǎohāo</u> fùxí de.
　　　걱정 마세요. 저 열심히 공부할 거에요.

12 复习

단어 실력 점프

1. ① 地铁站 ② 对面 ③ 学校 ④ 事儿
   ⑤ 所以 ⑥ 游泳 ⑦ 夏天 ⑧ 再
   ⑨ 同学 ⑩ 伞 ⑪ 肚子 ⑫ 面条

2. ① 我下星期**还**你，可以吗?
   ② **请问**，地铁站在哪儿?
   ③ 我不**会**游泳，你呢?
   ④ 姐姐，我**不**吃了。
   ⑤ 你吃早饭**了**没有?

나만의 단어장

1. ① <u>饭店</u> ② 邮局 ③ 超市
   ④ <u>银行</u> ⑤ 咖啡厅 ⑥ <u>中餐厅</u>
   ⑦ <u>地铁站</u> ⑧ <u>学校</u> ⑨ 医院

2. ① yínháng ② chuáng ③ Zhōngguó cài
   ④ ménkǒu ⑤ sòng ⑥ méiguīhuā
   ⑦ xià xīngqī ⑧ fákuǎn ⑨ gāngcái
   ⑩ chīfàn ⑪ dài ⑫ tèbié
   ⑬ děng ⑭ fàngxīn ⑮ xìnrèn

실력 테스트

1. b　　2. d　　3. a
4. e　　5. c　　6. ②
7. ④　　8. ②　　9. ④
10. ③　　11. ①　　12. ②
13. ②　　14. ③　　15. ①
16. (1) 没有　(2) 不　(3) 不　(4) 没有
17. (1) 在　(2) 有　(3) 在　(4) 有
18. ②
19. ④

20. 我想给你一本书。
21. 六点半到我那儿吧。
22. 你也吃点儿面条吧。
23. 我见了几个同学。
24. 银行在超市右边。
25. 张老师教我们汉语。
26. 你想不想买手机?
27. 离考试还有十天呢。

녹음 대본 (1~5번)

1. 学校前面有两家中餐厅。
   Xuéxiào qiánmian yǒu liǎng jiā zhōngcāntīng.

2. 我要送她一束玫瑰花。
   Wǒ yào sòng tā yí shù méiguīhuā.

3. 这儿抽烟要罚款。
   Zhèr chōuyān yào fákuǎn.

4. 我们一边吃饭，一边聊天。
   Wǒmen yìbiān chīfàn, yìbiān liáotiān.

5. 下星期就要考试了。
   Xià xīngqī jiùyào kǎoshì le.

대화문 완성

1. A 首尔饭店在哪儿?
   B 在银行<u>对面</u>。

2. A 你<u>看看</u>屋里有没有我的公文包。
   B 有。你的公文包在<u>床</u>上。

3. A 你喜欢夏天<u>还是</u>冬天?
   B 我喜欢冬天，冬天可以去<u>滑雪</u>。

4. A <u>下雨</u>了，你带伞了吗?
   B 我<u>没</u>带伞。

5. A 你<u>怎么</u>了?
   B 我肚子不<u>舒服</u>。

6. A 你的爱好是什么?
   B 我的爱好是<u>画画</u>。

발음·성조 클리닉

step 3 잰말놀이 연습 한자

22p 狼打柴，狗烧火，猫儿上炕捏窝窝，雀儿飞来蒸饽饽。

34p 大帆船，小帆船，竖起桅杆撑起船。
娟娟圆圆比圆圈，看看谁的圆圈圆。

46p 这天天下雨，体育局穿绿雨衣的女小吕，
去找穿绿运动衣的女老李。
穿绿雨衣的女小吕，没找到穿绿运动衣的女老李。

58p 真绝，真绝，真叫绝，皓月当空下大雪，
麻雀游泳不飞跃，鹊巢鸠占鹊喜悦。

70p 天上七颗星，树上七只鹰，梁上七个钉，台上七盏灯。
拿扇扇了灯，用手拔了钉，举枪打了鹰，乌云盖了星。

90p 大妹和小妹，一起去收麦。大妹割大麦，小妹割小麦。
大妹帮小妹挑小麦，小妹帮大妹挑大麦。

102p 牛郎恋刘娘，刘娘念牛郎。
牛郎年年恋刘娘，刘娘年年念牛郎。
郎恋娘来娘念郎。

114p 陈庄程庄都有城，陈庄城通程庄城。
陈庄城和程庄城，两庄城墙都有门。

단어 색인

단어	한어병음	페이지(해당 과)

A

阿姨	āyí	118(10)
爱好	àihào	107(9)
爱人	àiren	82(7)
啊	a	15(1)

B

吧	ba	38(3)
白色	báisè	50(4)
半	bàn	14(1)
不错	búcuò	50(4)
不客气	bú kèqi	63(5)
不行	bùxíng	51(4)

C

差	chà	14(1)
衬衫	chènshān	50(4)
吃饭	chīfàn	119(10)
宠物	chǒngwù	51(4)
抽烟	chōuyān	106(9)
出去	chūqù	131(11)
床	chuáng	82(7)
春天	chūntiān	107(9)
从	cóng	63(5)

D

打	dǎ	62(5)
打折	dǎzhé	27(2)
大概	dàgài	62(5)
带	dài	130(11)
当然	dāngrán	94(8)
到	dào	15(1)
等	děng	130(11)
地铁站	dìtiězhàn	82(7)
点	diǎn	14(1)
电话	diànhuà	62(5)
冬天	dōngtiān	107(9)
肚子	dùzi	130(11)
短	duǎn	51(4)
对	duì	15(1), 62(5)
对面	duìmiàn	82(7)
多	duō	38(3)
多少	duōshao	26(2)

F

罚款	fákuǎn	106(9)
饭店	fàndiàn	82(7)
放心	fàngxīn	131(11)
分	fēn	14(1)
父母	fùmǔ	50(4)
附近	fùjìn	83(7)
复习	fùxí	131(11)

G

刚才	gāngcái	119(10)
高	gāo	38(3)
高中	gāozhōng	119(10)
告诉	gàosu	94(8)
给	gěi	62(5)
跟	gēn	62(5)
公共汽车	gōnggòngqìchē	63(5)
公交车	gōngjiāochē	63(5)
公文包	gōngwénbāo	82(7)

H

还是	háishi	107(9)
韩币	hánbì	26(2)
盒饭	héfàn	118(10)
黑色	hēisè	50(4)
红色	hóngsè	50(4)
滑雪	huáxuě	107(9)
画画	huàhuà	107(9)

还 huán	95(8)	老婆 lǎopo	82(7)
换 huàn	26(2)	姥姥 lǎolao	118(10)
黄色 huángsè	50(4)	姥爷 lǎoye	118(10)
会 huì	106(9)	了 le	118(10), 119(10)
火锅 huǒguō	83(7)	离 lí	63(5)
或者 huòzhě	63(5)	里 lǐ	82(7)
		两千 liǎngqiān	26(2)

J

机场 jīchǎng	15(1)	聊天 liáotiān	119(10)
鸡肉 jīròu	26(2)	路 lù	63(5)
家 jiā	83(7)	绿色 lǜsè	50(4)
见 jiàn	119(10)		
接 jiē	15(1)		

M

结婚 jiéhūn	62(5)	马 mǎ	39(3)
借 jiè	95(8)	漫画书 mànhuàshū	95(8)
斤 jīn	26(2)	玫瑰花 méiguihuā	94(8)
今年 jīnnián	39(3)	美元 měiyuán	26(2)
就 jiù	15(1)	门口 ménkǒu	83(7)
觉得 juéde	131(11)	米 mǐ	38(3)
		秘密 mìmì	38(3)
		面条 miàntiáo	130(11)
		明洞 Míngdòng	63(5)

K

开始 kāishǐ	14(1)		
开心 kāixīn	119(10)		

N

考试 kǎoshì	131(11)	男人 nánrén	38(3)
刻 kè	15(1)	能 néng	106(9)
可爱 kě'ài	51(4)	年纪 niánjì	39(3)
可以 kěyǐ	95(8)	牛肉 niúròu	26(2)
裤子 kùzi	27(2)	女人 nǚrén	38(3)
块 kuài	26(2)		
快 kuài	131(11)		

O

快……了 kuài……le	131(11)	欧元 ōuyuán	26(2)

L

P

来 lái	95(8)	怕 pà	106(9)
蓝 lán	50(4)	旁边 pángbiān	82(7)
蓝色 lánsè	50(4)		
浪漫 làngmàn	94(8)		

Q

前面	qiánmian	83(7)
钱	qián	26(2)
情人节	Qíngrén Jié	94(8)
请问	qǐngwèn	82(7)
秋天	qiūtiān	107(9)

R

人民币	rénmínbì	26(2)
日元	rìyuán	26(2)

S

伞	sǎn	130(11)
上	shàng	82(7)
身体	shēntǐ	50(4)
剩	shèng	131(11)
师傅	shīfu	26(2)
事(儿)	shì(r)	82(7)
首尔	Shǒu'ěr	82(7)
售货员	shòuhuòyuán	27(2)
舒服	shūfu	130(11)
属	shǔ	39(3)
束	shù	94(8)
水	shuǐ	106(9)
送	sòng	94(8)
岁	suì	39(3)
所以	suǒyǐ	94(8)

T

它	tā	51(4)
太……了	tài……le	51(4)
特别	tèbié	119(10)
天	tiān	131(11)
天天	tiāntiān	131(11)
条	tiáo	27(2)
同岁	tóngsuì	39(3)
同学	tóngxué	119(10)
同意	tóngyì	51(4)
腿	tuǐ	51(4)

W

玩儿	wánr	131(11)
晚饭	wǎnfàn	118(10)
晚上	wǎnshang	15(1)
屋	wū	82(7)
午饭	wǔfàn	118(10)

X

西餐厅	xīcāntīng	83(7)
喜欢	xǐhuan	50(4)
下午	xiàwǔ	14(1)
下雨	xià yǔ	130(11)
夏天	xiàtiān	107(9)
现在	xiànzài	14(1)
相信	xiāngxìn	131(11)
小	xiǎo	39(3)
小狗	xiǎogǒu	51(4)
校花	xiàohuā	94(8)
谢谢	xièxie	14(1)
信任	xìnrèn	131(11)
行	xíng	83(7)
许	Xǔ	39(3)
学校	xuéxiào	83(7)

Y

颜色	yánsè	50(4)
眼睛	yǎnjing	51(4)
羊肉	yángròu	26(2)
养	yǎng	51(4)
要	yào	26(2)
一边……，一边……	yìbiān……, yìbiān……	119(10)
一共	yígòng	26(2)

已经 yǐjīng		118(10)
音乐会 yīnyuèhuì		14(1)
银行 yínháng		82(7)
银行职员 yínháng zhíyuán		26(2)
邮局 yóujú		82(7)
游客 yóukè		63(5)
游乐园 yóulèyuán		118(10)
游泳 yóuyǒng		106(9)
有 yǒu		51(4)
元 yuán		26(2)

Z

再 zài		118(10)
早饭 zǎofàn		118(10)
怎么 zěnme		130(11)
站 zhàn		63(5)
站牌 zhànpái		130(11)
丈夫 zhàngfu		82(7)
这么 zhème		51(4)
只 zhī		51(4)
知道 zhīdào		62(5)
只 zhǐ		131(11)
中餐厅 zhōngcāntīng		83(7)
中国菜 Zhōngguó cài		83(7)
重 zhòng		38(3)
周岁 zhōusuì		39(3)
猪肉 zhūròu		26(2)
追 zhuī		94(8)
紫色 zǐsè		50(4)
总是 zǒngshì		38(3)
走 zǒu		15(1)
左右 zuǒyòu		62(5)
坐 zuò		63(5)

다락원 홈페이지에서 MP3 파일
다운로드 및 실시간 재생

지은이 한민이
펴낸이 정규도
펴낸곳 (주)다락원

초판 1쇄 발행 2016년 7월 22일
초판 3쇄 발행 2023년 8월 30일

책임편집 이지연, 김혜민, 이상윤
디자인 조화연, 임미영
일러스트 조영남
녹음 曹红梅, 于海峰, 허강원

⑰ 다락원 경기도 파주시 문발로 211
전화: (02)736-2031 (내선 250~252 / 내선 430, 431)
팩스: (02)732-2037
출판등록 1977년 9월 16일 제406-2008-000007호

Copyright ⓒ 2016, 한민이

저자 및 출판사의 허락 없이 이 책의 일부 또는 전부를 무단 복제·전재·발췌할 수 없습니다. 구입 후 철회는 회사 내규에 부합하는 경우에 가능하므로 구입문의처에 문의하시기 바랍니다. 분실·파손 등에 따른 소비자 피해에 대해서는 공정거래위원회에서 고시한 소비자 분쟁 해결 기준에 따라 보상 가능합니다. 잘못된 책은 바꿔 드립니다.

ISBN 978-89-277-2188-8 18720
978-89-277-2186-4 (set)

http://www.darakwon.co.kr
다락원 홈페이지를 방문하시면 상세한 출판정보와 함께 동영상강좌, MP3자료 등 다양한 어학 정보를 얻으실 수 있습니다.